ネガティブでも叶う
すごい「お願い」

本当に現実が変わる
「引き寄せ言葉」と意識の使い方

MACO

KADOKAWA

はじめに

ネガティブでも「引き寄せ体質」になれる！

こんにちは、私はMACOといいます。

私はこれまでの人生における行き詰まり感から、成功哲学に始まり、あらゆる自己啓発書、スピリチュアル、そして引き寄せの法則にはまってきました。

それでも、現実がなかなか思うように動かなかったため、脳科学、心理学、量子力学にも学びの幅を広げ、大学の社会人入学で広く文化や思想、もののとらえ方なども学びました。

それらすべてを融合させる形で、超ネガティブである自分でも願いを叶えていける引き寄せメソッドを作ってから、本当に願いをどんどん叶えてこられました。

「引き寄せの法則」とは、波動の法則で、自分と似た波動エネルギー（周波数）のものと引き合うという理論です。

その法則をうまく活用していくと、自分の欲しい現実をすんなりと欲しい形で手に入れることが可能になります。

私も、今、自分の望んだ生き方のまんまの現実を手に入れることができています。

今は、その実践方法をお伝えすることで多くの方の現実を変えるお手伝いをしています。

ブログや書籍で自分らしい生き方を得ていくための思考法をお伝えしたり、コーチングやカウンセリングセッション、セミナーなどを通じて多くの方とお会いすることを仕事にしています。これも長年の夢であった、伝える、人の幸せのお手伝いをする、ということが叶って日々過ごしています。

私のお伝えする引き寄せ実践法で「願った仕事に就けました」とか、「素敵なパートナーと出会えました」などのご報告もたくさんいただいています。

ですが、私が一番嬉しいのが、

「楽に生きられるようになった」

「自分を肯定できるようになった」
「ものの見方、とらえ方が変わり、現実がまだ動いていなくても未来が感じられるようになった」
「もうすでに幸せだと気づいた」

というメッセージの数々です。

願いを叶えること自体も、もちろん大切なことなのですが、一番大事なことは、「自分が心豊かに満ち足りた気持ちで生きられるようになること」「すでに幸せであることに気づいていくこと」なんです。

思考や意識の学びを通じて、自分の脳が変わると、世界の見え方が一変します。脳科学を学んで、それを実践してみて、私はこれはすごいことだと感じています。

これまで辛いことばかりだった世界に、本当は光があることを知り、自分の力でいくらでも、現実を創り出せることに気づきます。

お金やものが来ること、望んでいた人がやってくることも大切ですが、一つ手に入れては、また次を追いかけ、また手に入れては、今度は失くす不安にかられ……、というのでは引き寄せの法則を活用する意味がありません。

私が一番お伝えしたいのは、ものや状態を手に入れることを目的にするのではなく、**自分の意識の在り方、思考の使い方を変えることで、いつでも満ち足りて幸せな状態で楽に生きていられる自分になること。**

そして、
そんな自分になれば、

本当はやっきになって願いごとを追いかけなくても、自然と願いが叶ってしまう、ということが起きてくるのです。

実際、私自身がそうで、自分のどんな姿、マイナスの感情も否定せず受け入れていくことで、自分の波動が少しずつ軽くなりました。

すると、願いごとだけを目的にして延々と叶うかどうかを追い続けなくても、そのいい波動状態から勝手に引き寄せが動くようになっていきました。

思考や意識の在り方が変わると、頑張らなくても叶うのです。

そして、お金やものや状態を欲しがらなくても、だんだん流れてくるようになりました。

この本を手にとってくださる方々には、ぜひそのような状態で生きられるようになってほしいのです。

いつまでも、ものや状態を手に入れては、手に入れたものを失くす心配から、ギューっと握ろうとするのではなく、

すでに幸せであるという状態に自分がなっていけたら、勝手に幸せなことがどんどん起きてくるのです。

ただ、この状態になることが難しいと感じるから悩みますよね。私も長い間そうでした。ですので、この本ではそうなっていくための具体的な変え方、実践法について説明していきます。

ではまず、あなたの願いを叶える「引き寄せ」の大切な基本ポイントを見ていきましょう。

「引き寄せの法則」って何？

この宇宙ではすべての物質、そして目に見えない思考や意識からも「波動」が出ています。私たちの体からも波動が出ているのです。

引き寄せの法則というのは、自分自身が発している波動エネルギーがそれに似た（見合った）現象を引き寄せる、という法則です。

だから自分の波動エネルギーがよいものであれば、自分にとって心地よいと感じる現実を引き寄せられるのです。

#「引き寄せの法則」でどんな願いを叶えた人がいるの？

世界的に有名なあるサッカー選手で「決める言葉」を使って夢を叶えた人がいます。小さな頃、将来の夢について、「必ず世界一になる」「大金持ちになって親孝行する」と、しっかり言い切りの決意形の作文を書いていたそうです。

最近人気の女優さんでも、「未来の日記」を書いていて、「2014年にCDデビューする」などと引き寄せ設定をして、その通りにデビューしたという記事を読みました。

皆さん、言葉で「決める」ことで、波動エネルギーを上手に活用して引き寄せています。

MACOの引き寄せとは?

自分に対する一切の否定をやめます。

ネガティブな感情は一切排除せず、認めて受け入れます。ネガティブな感情は逆に引き寄せるための味方にしていきます。

自分の心の抵抗が小さくて済む、自分に合った引き寄せ方を選びます。

複数並行実践法（複数の引き寄せ法を同時にやっていく）で早く現実を動かしていきます。

「答えはすべて自分の内側にある」という考え方から、自分の心の感覚を感じることを大切にして、「自分にどうしたいの？」の問いかけを習慣にします。

人は疑わしいと思うとなかなか行動できません。納得できる理論や解説を取り入れて、腑《ふ》に落ちることで行動へのモチベーションを上げて引き寄せます。

まずは、自分の本当に叶えたいことをはっきりさせる

願いを叶える前にしておく一番大事なことは「まず自分の本当の（心からの）願いを知る」ことです。これは基本の基本です。自分の本心が何を望んでいるか？　これがはっきりとわからないと、引き寄せ実践はできません。なので「まず自分の本当の願いがわかる私になる！」としっかり決めてください。

そして、「私は何を望んでいるの？　本当はどうしたいの？」と、毎日の生活の中で、自分に聞いていく練習をしてください。たとえば、食べたいものに迷ったとき、ちょっと自分に聞いてみようかな〜、という感じでゆるく、義務感ではなく、折に触れてやっていれば大丈夫です。

そうして自分の心の感覚を感じることを繰り返していると、仕事や恋愛などの大きな選択であっても、自ずと内側から「こうしたい！」という意志がはっきり出てくるようになります。

恐れの心から
引き寄せの設定を
してはいけない

恐れからの思考選択は必ずといっていいほど、自分が欲しくない現実を創ります。

「本心では一番ではないけど、しておいたほうがいいかもしれないから、とりあえずやっとこう」「とりあえずこうしておかないと、あとで嫌なことになるかもしれない」などの恐れの気持ちから行動してしまうと、やめておけばよかった、とか役に立たなかった、という現実につながってしまいます。

「～したい！」という本心から離れているから欲しい現実が受け取れないのです。

私も、どうせ自分にはやりたい仕事は回ってこないだろうと思って、あまりやりたくない仕事を受けたら、そのあとで一番やりたい仕事が来たのに受けられなかったことがあります。

恐れからの選択ではなく、「～したい！」という本心からの選択に変われば、現実も変わります。

「叶える！」という
意識でいる

引き寄せでは、すべて自分がどんな意識でいる（在る）か、どんな意識で（行動を）するか、が大切なポイントです。

自分から出ている波動は、自分がどんな意識でいるのか、どんな意識で行動しているのか、ということに影響されます。

お願いの仕方はこんなふうというやり方や方法論を知る前に、私たちの内側（意識・思考）の扱い方を知っておきましょう。

難しく考える必要はありません。引き寄せをするときに、「叶えるぞ！」という意識で行動すればいいだけ。そして普段の生活でも、「叶えるぞ！」「叶えたら楽しいな」という意識エネルギーの状態で生活していればいいだけです。

ネガティブな感情がわいてきたとしても、その感情があることを認めたら、最後には「でも、叶えるぞ！」という意識に戻せば大丈夫ですよ。

どうなってしまうかを、先に決めてしまう

「決める」とは別の表現をすると「周波数合わせ」をする、ということなのです。

具体的には、自分の願いごとが叶った次元の周波数（その状態）にピタッと合わせるということ。この周波数合わせが「決める」という作業で、決めたときに一瞬ですが、叶った自分の周波数になっています。

このとき、脳は言葉で決めたことを勝手にイメージ化するので、あなたはその映像も脳内に見ているはずです。脳は映像を追っていきます。自分がイメージできた映像を、今度は現実化しようと調整作業を始めていきます。

「どうなってしまうか」を腹の底から決めることができれば、何か行動を起こしたくなるという脳の働きが起きてきます。

これが願いが叶う第一歩です。

「引き寄せ手帳」に
書くことで
願いが叶いやすくなる

人は多くの情報を視覚から得る、といわれています。目から入る情報というのは、やはりインパクトが強いということ。さらに、ちょこっとメモ書きするだけであっても、叶える！という意識を向ければ、しっかりとその文字に「エネルギーを注入して書いている」ことになり、引き寄せができるようになるのです。

私は愛用している手帳を引き寄せに活用しています。毎日の仕事のスケジュールを書き込む、ごく普通の市販の手帳ですが、月間スケジュールの端に「〜する」「〜になる」「〜を引き寄せる」などと、決意形で設定して、ちょこちょこメモ書きのように書いています。そして、ここに書いたことは、この2年くらい本当にびっくりするくらい叶っています。

皆さんもぜひ、楽しく書いてみてください。

写真や映像にしても叶いやすくなる

雑誌や写真を切ったり貼ったりして、自分の欲しい未来をボードに作って飾って日々見るようにすると効果があります。

ただし、作ることが面倒くさい、自分には合わないと感じる方はわざわざ作らなくても大丈夫です。脳内に叶ったときのイメージ写真を1枚だけ置いておいてください。これだけでもオッケーです。私も、これだけで引き寄せをしています。

その写真を脳内で楽しく見たあとは、「私は必ずこれを叶えるんだ！」と意図してください。これは要するに「決める」ということで、決めることによって脳はますますパワフルに働いてくれるようになります。

視覚化された設定で、すでに叶った状態をワクワク思い浮かべられたり、叶った波動（周波数）の体験ができたりします。

視覚を使って引き寄せ効果を上げることになるのですね。

1回決めたら、その願いはまずいったん放置する

「1回決めたら、あとは放っておく」

これが手順です。

詳しくはあとで説明しますが、量子力学の視点からいっても、「こうなる!」と意識を向けたことには素粒子が動きだし、まだ目に見えなくても必ずプロセスが開かれていっていますので、それがより大きくなるまで待てばいいからです。

決めたあとは、あなたができるだけ心地よい波動エネルギーで過ごせるように、自分の心の感覚を大切に、自分を満たすことをしながら1日を送ればいいです。願いごとはいったん忘れていて大丈夫です。願いを決めたら、目の前のことに集中してください。

願いが叶うには タイムラグがある

願いが叶うには、意識を放ってから、必ず時間がかかります。このタイムラグ（願いを決めてから叶うまでの時間）は、願ったことが来ることが前提の受け取り準備期間です。

「すぐ叶わないの？」と残念に思ったり、不安に思ったりして、この期間を辛く感じる方が多いと思います。

でもタイムラグこそ、欲しい現実をしっかりと握れる私になるための、自分の意識力（思考力）を育てるための時間なのです。

この時間の過ごし方次第で、願いを手に入れたあとの未来が決まります。願いを手に入れてもまた失う不安にかられるのか、安心感だけでずっと過ごせるのか。大きな分かれ目です。

しっかり受け取れる自分になるために、日々自分を小さなやりたいことで満たしながら「遠慮なく受け取っていい自分作り」をしていてください。

願いが叶うのを待つ間、何をする？

タイムラグの期間は、受け取る準備をする時間です。彼が欲しい人も、お金の流れが欲しい人も、天職に出会いたい人も、いざそれが突然やってきたとき、「はい！　ありがとうございます！　遠慮なくいただきます！」と言って即座にすんなり受け取れる自分になるようにします。

叶わないのではないか、という不安を乗り越えるために「宇宙さん」との質問コミュニケーションをします。ここで「宇宙さん」とは、潜在意識とかスピリチュアルでいうハイヤーセルフをいいます。

「私は○○をします。こう決めましたので、これでオッケーならゴーのサインを△△という形で見せてください」というような感じで具体的に聞いていきます。

Contents

ネガティブでも叶う　すごい「お願い」

プロローグ

Chapter 1

「引き寄せ」がどんどん起こる10の基本

言葉で願いを叶えるために、これだけはおさえておこう！

Chapter 2

「すごい言葉」でどんな願いも叶う！

こんな願いには、こんな言葉。ワクワク願いを引き寄せよう！

Chapter 3

この実践法なら、ネガティブでも大丈夫！

思考と行動が変われば、願いがグングン近づいてくる！

本文デザイン　ムーブ
本文イラスト　山田有紀
カバーデザイン　小口翔平＋喜來詩織（tobufune）
カバー写真　片平孝／アフロ

プロローグ

思考が変われば、未来は必ず変わる

私は若い頃からいつも何かうまくいってない、と思って生きていました。

仕事も家庭も自分の思っている方向といつも逆に動いていて、自分は常にかわいそうだと思っていたし、周囲からもできないかわいそうなやつだと思われているとも思っていました。

でも本当は**自分に対する否定感や、思い込みの思考が現実を創っていた**ことに気づいたのはずっとずっと十何年もあとです。

20代のとき、最初に成功哲学にはまりましたが、知識を増やしても何も変わる気配がないまま、次は潜在意識開発、スピリチュアル、引き寄せの法則、とどんどんいろんなことに手を広げていきました。

学ぶのにお金ばかりかかり、現実に大きな変化はなし。知識ばかり増えて、自分の意識や思考が全く変わっていないのですから、今ならわかりますが、当たり前ですね。

そして2年前、40代も半ばに近づき、大事なものをいろいろ失ったあと、このまま死んでいくのか、と思うとあまりに辛くて悔しくて、もう一度だけこれで最後の勉強にしようと、量子力学、脳科学、心理学などを探求しだしました。

この学びが腑に落ちた感覚は初めての体験でした。知識のインプットでなく、知ったことをワクワクと使う。それを自然としたくなったので、それらの学びを引き寄せの法則に応用して行動に移しだしたのです。

そのときから現実が一気に変わり始めました。以前は、自分ではやっているつもりが、きちんと行動できていなかったのですね。最初の学びから長い時間が過ぎ、そのときに初めてこう気づいたのです。

- **思考や意識で世界の見え方が本当に違ってくること。**
- **脳が自分の思考の通りに世界を映し出して見せていること。**

・意識や思考が変わり、本当に心からやりたいことを知り、そのやりたいことをどんどん行動に移していけば、必ず現実は変わるということ。

ネガティブな私に次々と引き寄せが起こったわけ

私はもともと人の役に立ちたいとか、伝えたり教えたりすることが好きだったので、具体的な仕事名はまだ出てこないけれど、自分のこういう「好き」の部分を仕事にしていきたい、お勤めをやめてフリーでやりたい、と思っていたのです。

そして「やりたいことがはっきりわかる自分になって、それを手に入れる！」としっかり決めたときに、ふとしたくなったことが、「とりあえず学んだことを誰かに伝えてみたい」ということでした。

でもたいしてお金もないし、何をどうしていいか具体案も出てこないけれど、パッと思い浮かんだのが、ブログを書いてみる、ということだったのです。タダでできるし、引きこもり体質の私でも、家で簡単にできることだし、これはぴったりだ、ワクワクする！　と思いました。

書き始めたあとは、「どんどん読んでもらう人を増やす！」とか、「ブログで素敵なご縁を得る！」などと、引き寄せ設定をして「決め」ました。その決めたときのワクワクする感情から起きてくる「こうしたい！」の行動を、できるかぎりやっていきました。ただひたすらそれをやり続けたのです。

するると、だんだん願いが叶うようになってきました。そのうち、フリーで仕事がしたかったことから、「思い切ってお勤めをやめて、フリーでもいいよ！　と思えるくらいの後押しになる、大きな仕事を引き寄せる！」と決めたあと、出版社の編集者さんからいきなり本の執筆のオファーをいただいたのです。

まだブログの読者様も今よりずっと少なく、アクセスもさほど多くなかったときですが、大ベストセラーとなっている本の編集を担当している編集者さんから声をかけていただくという、すごい引き寄せが突然降ってわいたように起こり、「これは宇宙からのメッセージに違いない」と確信しました。

その後は「フリーになって、人を幸せにするお手伝いで生きていく」とさらに意図を明確に強くしました。

そうするとさらに今度は、自分の内側から「カウンセリングやコーチングなどをこれまで以上に専門的に学びたい！」という意志が出てきて、これをまたワクワクと行動に移し……、ということの連続で今に至ります。それがすべて、すっかり仕事になっています。

私はもともと非常に悲観的な思考の持ち主で、起きてほしくない最悪の事態をすぐ想像して、1日中それを考えてしまうタイプでした。今でもやはりすぐネガティブな思考になったりしますが、この感情との付き合い方が長年引き寄せのネックになっていたのです。

しかし、心理学や脳科学を学ぶうち、一切の否定をやめたほうが絶対うまくいく、ということがわかりました。そして、否定的な思考になる自分も否定しない、他者の考えもすぐジャッジ（いい悪いを判断）したり、むやみやたらに否定しない、という「否定しない思考」を実践し続けてきました。

否定のエネルギーというのは、非常に私たちの体の波動エネルギーを下げます。だから**ネガティブな思考自体がいけないのではなく、ネガティブな自分を否定してしまうことのほうがいけない**のだ、と気づいた瞬間があったのです。

✦自分への否定や責める思いから卒業しよう

セルフトークという言葉があります。自分が自分と会話する自己対話のことで、私たちは1日にだいたい6万から10万回くらいの自己対話をしているといわれます。

私も昔は、誰かに嫌なことを言われたりすると、その人のせいで自分のエネルギーが下げられたのだと思い込んでいました。でも、嫌なことを相手が私に言ったのは本当はたった1回だけ。その後、その人に言われた言葉を頭の中で、延々と何度も何度も繰り返しリピートしては、自分に聞かせていたので、ダメージを与えていたのは、自分が聞かせている言葉だったのです。

そう、私たちは嫌な気分の原因を他者のせいにしていることが多いけれど、自分で意図的に嫌なセルフトークを自分に聞かせていたりするのです。

そしてこの日々の何回もの繰り返しによって、潜在意識によくないセルフイメージが深く刻まれ、自分はどうせダメな人間だ、なんて思い込んでいたりするのです。自分に聞かせる言葉というのは付き合い方、使い方を間違えるとこれくらい怖いことになるのです。

何がいいたいかというと、皆さんには、**まずとにかく自分に対する否定や責めることを、一切やめていただきたいということなのです。**今どんなによくない状態の自分でもいいのです。これから引き寄せて現実を変えていけばいいのだから、自分へのダメだという思いからまず卒業してくださいね。

誰がなんと言おうと、自分だけは自分の味方。こんなふうに自分とお付き合いをして、心地よい言葉を自分に聞かせることや、「叶えるぞ！」という意識で言葉のパワーを使って引き寄せを加速させていってほしいのです。

✦エネルギーを乗せた言葉なら願いは叶う

言葉にあなたの意志をしっかり乗せて、つぶやいたり、書いたりすることで願いをどんどん叶えてください。そうすれば言葉はものすごいパワーアイテムになります。言葉に素敵なあなたのエネルギーをじゃんじゃん乗せてください。**あなたのエネルギーが入った言葉を口にすると、口にしたように現実が開きます。もし紙に書くと、書いたことが引き寄せられるようにプロセスが始まります。**

思考も言葉で作ります。私は言葉の使い方を味方につけてから、引き寄せの速度がぐんと早くなっています。そして、手帳に書いたことは必ずといっていいほど、もれなく叶っています。


1冊目に書いた本『ネガティブがあっても引き寄せは叶う!』（大和書房）では、私の引き寄せ実践法、思考の使い方や行動のポイントの基本部分を伝えてきました。

でも最近、このような質問を受けることが多くなりました。

「引き寄せっていうけど、全然、欲しいものが手に入らない」

その方たちのお話を聞いていると、どうもその方々が、願い方や言葉の決め方（設定）で疑問を持ったり、どう設定すればいいかさっぱりわからない、とつまずいていることに気づきました。

・文の語尾はどうすれば（書いたら）一番叶いやすいのかわからない。
・つぶやいたり、書いていてワクワクする文章が作れない。
・そもそも設定文を考えるのが苦手で、アイデアがわかない。
・引き寄せを加速させる言い回しがあれば知りたいが、どこにも書かれていない。

・どんなふうに言葉を使ったらいいのかポイントがさっぱりわからない。

などのモヤモヤがあるというお声が届いていました。

そこで、この本では引き寄せるための言葉の使い方、お願いの仕方について、意識エネルギーを活用しながら引き寄せるための、基本的な方法をわかりやすく説明します。具体的な言葉で願いが叶いやすくするように、どんな言葉を使えばいいか実践例をたくさんご紹介しています。

つぶやいたり書いたりして叶えていくときに気をつけるポイントは、本文でこれから丁寧にお伝えしていきます。こんな設定が効果的ですよ、という見本、ひな形もたくさんご紹介していきますね。そのままご自身の設定の言葉にしたり、ちょっとカスタマイズして好きな表現を足したりして使ってください。

軽やかに言葉のエネルギーをまとって、願いを叶えて、自分の思い描いた人生を創造してください。

Chapter 1

「引き寄せ」がどんどん起こる10の基本

言葉で願いを叶えるために、これだけはおさえておこう！

1

ネガティブ思考でも引き寄せで願いは叶う

私はブログや1冊目の著書で「引き寄せの法則」について、お伝えしていますが、この本でも、まず最初に引き寄せの法則で願いが叶う仕組みを整理しておきます。

この宇宙ではすべての物質、そして目に見えない思考や意識からも「波動」が出ています。私たちの体からも波動が出ているのです。

引き寄せの法則というのは、自分自身が発している波動エネルギーがそれに似た（見合った）現象を引き寄せる、という法則です。

だから自分の波動エネルギーがよいものであれば、自分にとって心地よいと感じる現実を引き寄せる、ということになります。

ですが、私たちはいつもいい気分やいいエネルギー状態でいられるわけではありません。ネガティブ思考に陥ることもあれば、やる気（モチベーション）が下がってふさぎ込むこともありますよね。

では、これにはどう対応すれば願いをうまく叶えていけるのでしょうか？

私は量子力学や脳科学、心理学の視点から、ネガティブ感情との付き合い方を学びました。引き寄せの法則そのものだけでは理解不十分になっていた部分を、これらの理論で補うことで腹に落とすことができて、これまで願ったものをたくさん現実化させています。

引き寄せをしたいけれど、「わかっちゃいるけど、なかなかできない」ということがありますね。たとえば、

・考えないようにしようとすればするほどネガティブ思考にとらわれる。
・やるぞ！　と思っても3日もしたらモチベーションが下がり、またいつもと同じ思考パターンから抜けられない。
・どうしても一つのことに執着したくてしょうがない自分と戦っている。

こんな悩みがあっても、意識・思考を修正し、言葉で願いを叶えることができますから安心してくださいね。

最初に「波動」というものについて、どういうものかおさえておく必要があるので、少しお話ししておきますね。

この世の中に存在するものはすべてエネルギーでできています。すべてのものに周波数という固有の振動数があり、これは大きくは波動と呼ばれています。形があり目に見えるものだけでなく、空間とか、私たちの思考や意識にもすべて波動があります。同じ周波数、または近い（似た）周波数は引き合うというのが引き寄せの法則です。ですから、自分から出ている波動がいい状態だと、それと似たような周波数の心地よいと感じることを引き寄せますし、もちろんその逆もあって、自分から出ている波動がよくないと心地よくないと感じる出来事を引き寄せやすくなります。

よい波動の概念について、これも大切なことなのでおさえておきます。私は、**よい波動というのは、あなた自身が「楽な状態」でいるときに出ている波動をイメージし**

ておいてくださいとお伝えしておきます。頑張って何かに抵抗することなく、脱力して心穏やかな状態から出ているエネルギーですね。

「よい」という言葉を聞くと、とてもハイテンションで嬉しい、楽しい、いつもポジティブな状態！　といったイメージがすぐ思い浮かびますが、そんな状態ばかりで生活できる人はいません。もちろんそれらも含みますが、と同時に、よい波動とは、自分が無理をしていない状態の波動をいうのだ、と覚えていてください。

この宇宙では似たような波動が引き合いますので、引き寄せでは自分自身の波動状態がいいことが一番大切です。

この本ではこの波動の法則を味方につけ「言葉の波動エネルギー」をうまく使って、願いを叶えていく方法を書いていきます。

2

よい波動の言葉が
よい現実を引き寄せる

「言葉が願いを叶える」などと聞いたことがあると思います。

たしかに正しいといえば正しいのですが、もっと詳しく説明する必要があります。

「言葉に心地よい波動エネルギーを乗せること」によって、自分にとって心地よいと感じる現実が引き寄せられる。

ということをまずおさえておかないとなりません。

ただ単によいといわれている言葉をつぶやいても叶わなかった。

書いてもサッパリ叶わなかった。

という経験をお持ちのあなたは、ひょっとしたら波動エネルギーの扱い方にあまり注意を向けていなかったのかもしれません。

量子力学という物理学においては、人間が何かを観測することによって物質の一番小さい構成単位である素粒子（すべての物理創造の元になるエネルギー）が固定化される（物質として現れる）、といわれています。

「観測する」とは、わかりやすくいうと「しっかり見る」とか「そこに意識を向ける」ということです。

つぶやいたり、書いたりして、宇宙に上手にお願いごとをするには、まずしっかり自分の願いに「意識を向ける」「叶えるというエネルギーを乗せる」ということが大事。

ただつぶやくだけでなく、「しっかりと」意識を向けることが大切です。

その意識エネルギーを言葉に乗せる、もっと細かくいうと、願いの言葉に「エネルギーを注入する」と思ってもらうと、わかりやすいかもしれません。

私は、ＮＬＰコーチングを学んでいたときに、「意識が向いているところにエネルギーは流れるといいます」とコーチから聞いたとき、ハッとしたのです。

「意識する」「目的、ゴールを明確に意図する」ことは、引き寄せにはとても大切な、第一番の作業なのです。

3

まずは自分の「本当の願い」を知ろう！

願いを叶える前にしておく一番大事なこと。
それは「まず自分の本当の（心からの）願いを知る」ということです。

これは基本の基本です。「自分が何を一番望んでいるか？」これがはっきりとわからないと、引き寄せ実践がサクサク進められません。

えー、何言ってるの、自分の本当の願いなんて、ちゃんとわかってるよー。わかってるから、引き寄せたいんだよー、とおっしゃる方もいるかもしれません。

でも、ブログや、セミナーなどでいただくご質問は、意外にも「自分の本当の願いがよくわからないんです」というものが多いのです。

一番多いご相談が、自分の一番好きなことで仕事をしてお金を稼げるようになりたいけれど、何がやりたいかわからない、というものです。

仕事だけではなく、恋人や夫婦のパートナーシップ、お金、あらゆる人間関係をひっくるめて、どんなライフスタイル、人生を創造できたら心が満たされるのか。自分の心の声を普段の生活で聞いていくことが、本当の願いを知る大事な実践です。

自分のちょっとした「いいな」の心の感覚を信じて行動し続けることで、天職を見つけることもあるし、ベストパートナーと出会うこともあるのです。

周りの人の意見につい合わせてしまうクセがある人は、だんだんと自分の本当の気持ちを外に出さなくなります。これを続けていると、自分が何を望んでいるのかだんだんわからなくなっていきます。

なんとなく、どうでもいい、よくわからない、決められない。こんな感情を普段からよく感じるという方は、自分の本心が寝てしまっていないでしょうか?

もし今寝てしまっていても、起こしてあげれば大丈夫です。起こす方法は一つだけです。自分に意識的に聞いてあげることをクセにすることだけ。

私たちの脳は、どうしても外で起きていること（目に見える現実）に強く影響を受けます。他人から言われた言葉にも強く反応し、**自分の思いではなく、他人の口から出た価値観で、自分の選択を決めてしまっていたり、他人の考えを自分の意見だと勘違いしていることもあるのです。**

いわれれば、なんとなくそういう気がするなあ、と思い込まされたまま、自分で選択せずに過ごしていませんか？　大切な選択を自分以外の価値観でしてしまっていることも多いと感じたことはありませんか？

「とりあえずコレやっといたほうがいいかな、手に入れておいたほうがいいかな」
「みんながいいって言うし、まあやっておこうかな」

というような思考で引き寄せ設定したことはありませんか？　一度くらいはあると思います。

もし、これまでにこういうケースに思い当たるふしがある方は、今後は決断の際に、静かに左手を胸に当て深呼吸してから、

「私は何を望んでいるの？　本当はどうしたいの？」

と、自分に聞いていくことを習慣にしていってください。

ランチに何を食べようかなあ、という小さい選択から、結婚や就職などの人生における大きな選択も、手順は同じです。自分の本当の気持ちを知ることから幸せになれる引き寄せ実践はスタートします。

常に自分に聞いていきましょう。

「私はどうしたいの？」

頑張りすぎなくていいですが、気が向いたとき、折に触れてこの質問を自分にするようにすると、少しずつですが、どうでもいい、から抜け出し、「こっち！　これ！」と少しでも振り子が傾くようになってきます。

感覚でいいのです。なんとなくこっち、の感覚を大切にしてください。「なんとなくこれ！」が出てきだしたら、「明確にこれ！」ももうすぐです。

そして、周囲の人がたとえ違う意見を言ったとしても、自分自身に聞く習慣ができていれば、相手の意見も認めていったん受け入れた上で、そこから「自分がどうしたいか？」に持っていくことができます。

4 「強い意識」を向けたことが現実化する

引き寄せにおいては、すべて自分がどんな意識（波動状態）でいるか、が鍵なのです。他人の意識ではなく、自分が出している波動がどうか、どんな意識で言葉を外に送り出すか、が大事です。

お金も同じ、どんな意識で使うかが大事です。お金について私が一番おすすめする意識・思考の使い方は、「**自分がお金を循環させる（お金を使う）とどこかで誰かが幸せになる**」というものです。そう思ってお金を使ってみてください。

自分の欲しいものを買うときなどは比較的ワクワクと喜びのエネルギーでお金を使えると思いますが、それ以外の生活必需品だったり、公的な支払いやお付き合いでの支出などは「出したくない」と思ってしまうことはないですか？

ですが、お金を使う、世の中に循環させる、ということはすべて誰かの喜びや恩恵のリレーにつながっています。買い物をすれば、お店の人、商品を作った人が受け取る喜びになり、税金などの支払いも、私たちは長い人生の間で直接的以外に間接的にも必ず、いろんなタイミングで恩恵を受け取っています。

「お金を循環させる＝人の幸せ・喜び」という意識で、自分はお役に立てているし、また受け取っている側でもある。そう思うと、支払いのときの「お金がなくなる！」という抵抗感が減るのではないかと思います。

人は誰かの役に立っていると思うと、自然と気分がよくなるものです。人を幸せにすることにつながっている、と思ってテンションが下がる人はいないでしょう。**自分と他者の幸せ、両方をイメージして**お金を使うと、いい循環が起こりやすくなります。

お金の例を出しましたが、**言葉の使い手である私たち自身が常に、「どんな意識で」言葉を使っているか、ということが引き寄せの重要要素なのです。**

たとえば「バカだなあ」という言葉を口に出すとき、相手のことを「バカか！」と、相手を本当に罵りたいような意識で発したのと、彼が自分の彼女に対して、（本当に可愛《かわい》いと思って）「もーバカだなあ～♡」と言うのとでは、同じ「バカ」という言葉を発していても全然そのエネルギーが違いますよね。

簡単にいうとそういう感じです。

私たちが口にしたり書いたりする言葉からも波動は出ています。

どうせ叶わないだろうけど、という意識で口にしたり、頭の中で思ったり、文字にしたりすると、やはり効果が薄くなることは、なんとなくわかっていただけますね。

どんなこともそうですが、発端は私たちの内側、どんな意識や思考でそれを送り出すか、使うか、ということに大きく関わってくるのですね。

引き寄せは、形式上の「こんなふうに唱えて」とか、「こんなふうに書いて」という表面や形ばかりを追うのではなく、内側の意識を整えてからとりかかることが大切です。

「叶えることを前提意識で発した言葉」の波動のエネルギーは、とてもパワフルです。

またこういう意識で言葉を使い、願うと、引き寄せをうまく発動・促進させることができます。

ですから、お願いの仕方はこんなふうに、という具体的なやり方を知る前に、私たちの内側（意識・思考）の扱い方を知っておきましょう。

これは、難しいことではありません。

口にするときや、心の中でつぶやくとき、紙に書くときに、「叶えるぞ」というしっかりした思いで「～する」「～になる」という集中した意識を乗せていけばいいのです。

これだけです。

ただし、しっかりと、そちらに意識を向けているという自覚を持ってやる、ということが大事なのです。

意識を向けたことが現実化する。形はあとから、意識と思考が先。

という量子力学の視点からしても、まず先に「このことを叶える」としっかり意識を向けることが一番なのです

5

「引き寄せ手帳」には本当に叶えたいことだけ書こう！

「紙に願いを書いたら叶う」とよく聞きますね。引き寄せということについて考えると、「書く」という行動はとても有効です。

私は、手帳を愛用して書いて引き寄せに活用しています。ですが、特別なものではなく、毎日の仕事のスケジュールを書き込んでいる、ごくごく普通の市販の手帳です。

この**手帳の月間スケジュールの端に「〜する」「〜になる」「〜を引き寄せる」などとちょこちょこメモ書きのように書いています。**

そして、ここに書いたことは、もれなくほぼ全部叶っているというのがこの2年くらいの状況です。本当にびっくりするくらい叶っていて、「書いたらもう、外さないよ！」くらいに思っています。

でも、以前は書いても書いても全く叶う気配がなく、モヤモヤしていました。それが今や、紙に書いてどんどん引き寄せてしまうようになった変化のきっかけは何だと思いますか？

それは、**自分の本当の願いを知っているから、本当に叶えたい願いしか書いていないからです。**

何かが足りない、という渇望感が強かった頃は、あれも欲しいこれも欲しいという感じで、本心からではない願いごともたくさん書いていました。

そうすると、頭の中も整理できず、書いても思考がごちゃごちゃ散らかっていました。そんなときは、願いが叶うのに時間がかかっていました。

今は、ちょこっとメモ書きするだけであっても、**しっかりとその文字に「これを叶えるんだ」という「思考や意識のエネルギーを注入して書いている」。これで、引き寄せができるようになります。**

どんなことも発端の「意識」の部分が大事。ですから書くときはご自身がリラックスしているとか、いいエネルギーでいられるときに願いを書くことも大事ですね。

そのような意識で書いた文字、その文字が書かれた手帳やノートはすでにあなたのパワーアイテムになるのです。

手帳なり、日記なり、ノートなり、自分の愛用しているものを引き寄せパワーアイテムにしてしまいましょう。自分の好きなものでいいのです。

自分の好きなサイズで、好きなデザイン、好きな色など、好きな手帳を選び、その手帳をどんどんカスタマイズして、世界に一つしかない私だけの「引き寄せ手帳」を作ってみませんか?

そして、引き寄せ手帳に書くときには、

「本当に欲しいものは何?」

「本当に叶えたいことは何?」

といつも、自分に問いかけて、本当に欲しいもの、本当に叶えたいことだけをメモするようにしてください。

6 書いた言葉を見るたびに、願いに近づいていく

個人差はありますが、**人は多くの情報を視覚から得る、といわれています。要するに目から入る情報というのは、やはりインパクトが強いということ。**

雑誌や写真を切ったり貼ったりして自分の欲しい未来を視覚化したビジョンボードなども、見えるところに飾って日々見るようにしますね。視覚化された未来の設定を見るたびに、すでに叶ったイメージをワクワク思い浮かべられますし、叶った波動（そうなった周波数）の体験が一瞬でもできたりするのです。

叶ったときの波動を疑似体験しているうちに、だんだん夢が叶うことに近づいていき、脳もその状態を叶えるように、情報をキャッチしたり、ワクワクから行動したくなったりと、願いに向けて働きだします。

だから**手帳に書いた設定を見るたび、意識がそこに合わせられる**ということなのですね。この**叶った波動になることがとても大切です。**視覚から引き寄せをしているといえますね。

言葉を紙に書いて叶えるのも、書くことで自分の意識を文字という形で「視覚化」しているので、引き寄せができることになります。

また書いた文字を折に触れて見直すことで、「ああ、私はこれを叶えるんだ!」という気持ちが下がったときのモチベーションを引き上げたり、未来の姿をイメージする手助けにもなります。

そう、書くという作業は「意識をしっかり向ける」「エネルギーを乗せる」という行動になるのです。もちろん、書いた文字にも波動があります。

たとえば「素敵な彼と出会って幸せな一生を過ごすぞ」という設定でしたら、自分の書いた文字には「叶えるぞ!」というエネルギーが注入されています。だから、引き寄せるパワーをしっかり持っているのです。

自分の内側（感情）を見ることが大事といくらいわれても、やっぱり人間ですから、外に見えるものからの影響はゼロにはできません。

だからこそ、文字として視覚化して、手帳など自分のパワーアイテムを効果的に活用すれば、引き寄せはグンと加速します。

言葉を折に触れて見ることは、ついネガティブ思考に落ちたときも、「ああ、私はこれを叶えるんだったな」と気づき直して、最初の願いに戻すことに役立ちます。

見えるという特徴をメリットに仕立てて、うまく活用しましょう。

7

自分のネガティブな感情を認めてあげよう！

私は引き寄せの法則を「可能性の法則」と説明しています。

量子力学では、自分がイメージできることはすべて叶う可能性があるといいます。

要するに、願いが叶うことも、叶わないことも、どちらも頭に思い描けるのであれば、どちらも現実化する可能性がある、ということ。

ですから、**欲しい願いが叶うことに意識を向け、それを得るとしっかり決めて、「一番いい可能性＝自分の願いが叶う現実」を受け取ってください。**

どんな現実につながるかを決めるのも、自分の意識次第。

意識次第とは、「どうなりたいかの意識を送り出す＝決める！」ということです。

もし、決めたあと、実践の途中で、叶わないかも、というネガティブ思考がわんさか出てきて困ることがあったら、その感情を「ああ、そう思うのね」と認めて受け入れてあげます。その後、欲しい願いに再度戻して、思考を修正するという手順で、周波数を合わせ直せば大丈夫です。

その手順は、

① できないというネガティブな感情をいったん、認めて受け入れる。

② 次に、どうしたいか、どうありたいか、に思考を戻す。

いったんネガティブな自分の思考を「そう思うのね」と俯瞰《ふかん》して見てあげます。この作業は、眺めるという感じがぴったりくる表現になります。決してその感情を、辛いのに再度体験したり、感じ直す、ということではないです。

「ああ、そんなものがそこにあるのねー」と、その感情を客観的に眺めてみている感じ、と思ってください。

私は、過去の感情に戻るのは「成功体験を再度楽しく味わうときだけ」でいいとお伝えしています。

嫌な感情をもう一度体験することは嫌な体験時の波動になってしまうので、特に必要ないことです。逆にこの視点からいうと、楽しかった感情を再度感じることは引き寄せのお手伝いになりますから、どんどんやるといいのです。


いずれにせよ、テンションが落ちてもいいのです。また元の場所に戻ってこられるかどうかが、大切な鍵です。

落ちっぱなしで戻ってこられない方もたくさんいます。もうだめ、と思ってそこにとどまってしまったら、もうだめ、の波動状態で延々と生きていってしまう。せっかく変わるぞ、と決意したのに、こうなってしまってはもったいないです。


気分が落ちてしまうことは問題なし。

ただ「辛いね、しんどいね」と認めてあげたら、適当な時間をおいて、ちゃんと「叶える！」という願いに戻ってきてくださいね。

そうして、自分の欲しい願いに意識を再度向けられれば、大丈夫です。

8 「どうなっていくか」をまず決めよう！

引き寄せには「どうなっていくか」を先に「決めてしまう」ことが大事です。

自分の願望がはっきりわかってきたら、その後はますます、「意識を送り出す＝意図する、決める」という作業が重要になってきます。

「決める」とは別の表現をすると「周波数合わせ」をする、ということなのです。

具体的には、自分の願いごとが叶った次元の周波数（その状態）にピタッと合わせるということ。ラジオの周波数を合わせるみたいに、などとよく説明されますね。

この周波数合わせが「決める」という作業でできるのです。決めたときに一瞬ですが、叶った自分の周波数になっています。

脳は言葉で決めたことを勝手にイメージ化しているので、あなたはその映像も脳内に見ているはずです。

先にも書きましたが、物質を構成する最小単位は素粒子と呼ばれます。万物創造の元となる素粒子エネルギーが、人間が「決める」（意識を向ける）ことによって観測されて、はじめて形として定まります。あなたの決意の思考は「あらゆる現実を創るモトのモト」、なのです。

このように私たちの意識・思考エネルギーは実は思っている以上にパワフルです！ぜひこの「決めること」をあなたの感覚がワクワクする言葉に表現して、その言葉たちを引き寄せツールとして、願い通りの現実を創造していってください。

思考は言葉を使ってやっていますよね。願いを口に出す、出さないはありますが、思考もすべて言葉で成り立っています。

願いを「決める」と、言葉にしっかりエネルギーが乗っていき、そのワクワクした感覚から起きてきた行動を自然にやっていけば、設定した言葉の通りに現実が起きてきます。

9
「マイ・アファメーション」で自分宣言しよう！

「アファメーション」とは、言葉を使って自分に暗示をかけることです。自信を持ったり、潜在意識を変えるための方法です。

ポジティブな言葉を文章にしてつぶやきましょう、といわれたりしますが、私はアファメーションの作り方を学びに行ったのに、長い長い文章を考えて書いて、覚えてつぶやくのが苦手で続きませんでした。

そこで、もっと簡単な別の形で実践したのです。覚え切れない長いアファメーションは作らなくていいのです。

「自分宣言言葉」「マイ・アファメーション」として、短い言葉でズバリと「こうする！」「こうなる！」というように言葉を設定して、いつでも折に触れてつぶやいてみてくださいね。

自分の脳に刷り込むことさえできれば引き寄せは発動するのだから、覚え切れないほど長い文章で事細かに書かなくても、自分の心がすんなり受け入れてワクワク楽しくつぶやければそれでいい。

それがわかったので、非常に短い、でも端的に自分の願いを表しているアファメーションをいくつか、マイ・アファメーションとして用意しました。

手帳に書き込んだりしましたが、基本はいつも脳内で宣言するだけです。

それでも非常に効果があったのです。しかも、現在形で「大好きな仕事をしています」とか、完了形で「大好きな仕事につきました」とかではなく、決意の形で「大好きな仕事を得る！」としました。

私は、完了形にすると、「だって、実際まだ叶ってないし……」という心の抵抗感がハンパなく出てきて、逆にエネルギーが動く邪魔をしたからです。

感情にどう響くか、ということが大事なので、現在形や完了形のように、「実際そうなった」という設定で宣言することも理にかなっています。

ただ、その形式に抵抗感が強くなってしまう人には、**「～する」とか「～になる」**

のように断定的な言い方の「決意形」をおすすめします。アファメーションは唱えたときにテンションが上がることが大事なのですしね。たとえば、

「私は大好きな人に愛されて生きる！」(これだけ)
「毎日好きな仕事ができるようになる！」(これだけ)
「世界のあちこちを旅して回る！」(これだけ)

こんな感じです。

暗記する必要がないくらい短い文章でいいので、寝る前にちょこっと唱えられるようなマイ・アファメーションとしておけばオッケーです。

私がおすすめするのは、どんな自分になりたいか、という設定をアファメーションにしてしまうことです。私の場合は、
「欲しいものを欲しいだけ受け取れる私になる！」
という「受け取り許可」を与える言葉を使っています。私は長年「もらってはいけ

ない、受け取ってはいけない、受け取るだけの価値がない」と、自分に対する価値の低さ、許可の低さでネガティブ満載でした。この短いアファメーションを寝る前とか、ふと空いた時間ができたとき、つぶやいてみたのです。

これだけのことですが、人は一日に自分の言葉を一番たくさん聞いているので、効果は大でした。

自分の受け取り許可は、自分の力で上げられますよ。

このような言葉の使い方は、Ｃｈａｐｔｅｒ２で詳しく説明します。

世界のあちこちを旅してまわる!
ワクワク
ワクワク

10

5つの原則で言葉を味方につけよう!

言葉で願いを叶えるために、言葉を味方につけるための原則は、5つあります。

① 自分の心の感覚に一番ピッタリくる表現を使う。

② 他人の言っていることをうのみにしないで、必ず「自分はどう感じるか?」を自分に問うことを習慣にしていく(無意識にできるようになるまで)。

③ 語尾の使い方のルールなどにこだわりすぎない(完了形、現在形でなくてもよい。書いていて心の抵抗感を感じるものは合わないというサイン)。

④ どのように叶うか、ではなく、「どうなりたいか、どうありたいか」を言葉にしていく。

⑤ 常に、未来に思考を飛ばしておく。

引き寄せの法則自体が変わることはありません、ただ、皆さんが法則を知ったあと、願いを叶えていこうとする段階になると、一人ひとりの心の感覚に合った引き寄せ法を探っていくのが非常に効果的なやり方です。

願いが叶うかどうか信じる自信が持てなくて、いつもうまくいかなかったという方、左脳的で理屈や仕組みを知るとモチベーションが上がりやすいという方、非常にネガティブ思考に偏りやすいという方でも、楽に願いを引き寄せていけるようになります。

人は納得できたことはすんなりと受け入れられ、「叶わない！」という心の抵抗を和らげ、現実をすんなりと動かせていけます。

この本では、特にパワフルな引き寄せツールとして、言葉を取り上げました。言葉が持つ引き寄せ力を味方につけ、自分の心に一番しっくりくる引き寄せ言葉と出合い、うまく使いこなしていける設定の仕方、願い方を活用して、素敵な人生を創造していきましょう。

Chapter 2

「すごい言葉」でどんな願いも叶う！

こんな願いには、こんな言葉。
ワクワク願いを引き寄せよう！

言葉に本気のエネルギーを注入すれば、叶う！

さて、ではここから具体的な願い方の話に入っていきます。

願いごとの設定は、自分が一番しっくりくる言葉、心でつぶやいたり、書いたりしているときにテンションが上がり、モチベーションが維持できることが大事、と説明しました。

短く簡潔に。そして、叶ったときのワクワクする感覚の波動が感じられる表現を使うのがポイントです。

この章では、そういう言葉をいろいろご紹介していきますので、いいなと感じるものはそのままお使いください！　ちょっとアレンジして自分の好きな表現にしたり、言葉を足したり減らしたりするのもオッケーです！

聞いているだけで楽しい、書いているだけでエネルギーが満ちる感じがする、という心の感覚を感じ、使う言葉にエネルギーを集中させてくださいね。

心でつぶやくときも、声に出して言うときも、文字で書いていくときも、「自分の発した言葉にしっかり私の思考エネルギーを乗せる！」という意識を持って実践してください。ここはとても大切なポイントなので繰り返して書いておきます。

言葉に「叶えるぞー！」というパワフルな思考エネルギーを注入する！

というイメージです。

これでつぶやいた言葉にも、書いた言葉にも、ものすごいパワーが宿っていき、意識を向けると素粒子が固定化するプロセスが始まります。

今までも、書いて願いごとを設定してきたのに、全然叶わなかったんです、という方はひょっとしたらこのエネルギーの注入、周波数合わせがうまくいっていなかったのかもしれません。

「叶える！」というあなたの「本気の」エネルギーを、ぜひ言葉に乗せてください。

こういう意識で手帳や日記に書いたら、その手帳自体も波動がグーンとアップしますので、必然的に引き寄せアイテムになっていく、というわけです。日々持ち歩いたり、読み返したりして、ぜひあなただけのパワーアイテムにしていきましょう。


おさえておく大事な点がもう一つあります。

私たちは願いを叶えることそのものが目的（本心）なのではないということ。

願いを叶える本当の目的は、「願いが叶った状況の波動（エネルギー）を感じて体験を楽しむこと」。

「旅行に行きたい！」というのは詳しく解説すると、「旅行に行って楽しんでいる波動エネルギーを体験したい」ということ。

「彼が欲しい！」という願いは、「彼」という存在そのものが欲しいのではなく「彼と一緒にいるときの満ち足りたエネルギーを感じたい、体験したい」ということが願いの本質なのです。

だから、**言葉にも「どんなふうに、どんな感じで」がわかる表現を足してあげると**

臨場感が増して、よりリアルにイメージできていいですね。

たとえば、「恋人ができる」というだけでなく、「素敵なパートナーとつながって、ずっと心満たされて生きる」と具体的な願いにするのです。

あなたの現実を変える鍵はすべて内側、つまり意識にあります。意識があってこそ、外側が動いていきます。現実を創造するタネである「素粒子」をあなたのワクワクする言葉で、バンバン発動させてくださいね。

まずは、引き寄せができる自分になる！

これをつぶやこう！

「欲しい現実を確実に受け取れる私になる！」

「引き寄せるのが当たり前の私になる」

願いが叶うには、引き寄せができる自分になる、ということがまず第一に必要です。

具体的な願いごとをする前に、まず最初にこんな言葉を設定します。

「欲しい現実を確実に受け取れる私になる！」

「引き寄せるのが当たり前の私になる」

あらゆるエネルギーを自分の味方につける超基本の設定です。

とにかく引き寄せは「基礎・土台」が大事。あなたがそもそも「引き寄せができる人」になれば、具体的な細かい願いはもれなくついてきます。

どんな自分でいるのか、ということが引き寄せの土台になるということですね。

家の建築などと同じで、土台がしっかりしていれば大きなものを載せても崩れることはありません。受け入れる自分の器がしっかりしていれば、スケールの大きい願いだってちゃんと入れ込むことができるのですよ。

言葉のエネルギーを味方につけるためには、使いこなす自分自身が、言葉のエネルギーを取り扱い上手になること。そして、やってきてくれたエネルギーを受け取り上手であることが必要です。

これからどんな自分になりたいか書きながら、映像でイメージし、「よし、そうなるぞ！」という思考エネルギーを送り出して、素粒子を動かしていきます。脳に目的地を設定していくのです。

上昇のエネルギーがあなたに向かって流れてきたら、スポンジのようにどんどん吸収できる自分になっておけるようにしておくのです。

この宣言の言葉を脳に聞かせることで、これまでの「できなかった私」のエネルギーをリセットでき、脳が目的地へ向かって調整作業を始め、パワフルに働き始めます。

「やりたい！」「行きたい！」と思うワクワクの感情を持つ（感じる）だけでも、実は内側のパワーはとても上がっています。

「そうなっていくのだ！」という素粒子を動かす意識エネルギーを先に出さないと物理的な次元は開かないのでしたよね。

しっかり意識を送り出して、新しい次元を開いていきましょう！

次のような言葉を宣言するのもおすすめです。

「これまでの私から変わります！」

「変化を楽しく受け入れる私になる」

「欲しい現実を欲しいだけ体験できる私になる（でいる）！」

「（願いが）叶うこと前提で生きられる！」

「見たい世界を見る！」

「無敵の人生を引き寄せる！」

「私は宇宙のパワーを味方につける！」

「いい情報につながる！」

これらの言葉を、あなたの引き寄せ設定言葉として使ってみてください。このような考え方ができるようにするためには、つぶやいたり、書いたりするのがいいのです。つぶやくのは声に出さず頭の中で脳に聞かせるイメージでも、声に出しても、どちらでも大丈夫です。声に出せない状況もあるので、その時々で使い分けてください。

一番大切なのは「意識を言葉に入れ込む」いうことです。

ただ、声に出すことはさらにおすすめです。音にすることで振動する波動で脳にさらにパワフルに伝えることができるからです。

花でも、周波数がよいといわれるモーツァルトの曲などを聞かせたり、ありがとうという言葉を聞かせると長持ちするなどといいますが、これと同じ原理です。

以前テレビ番組で、「ありがとう」を100万回聞かせてからお菓子を出荷しているという製菓会社が紹介されていました。よい波動のお菓子をお届けしたいということなのでしょうね。

もし落ち込んでいるときは、まずその落ち込んでいる感情を「ああ、落ち込んでいるのね」と認めて受け入れてあげる作業から先にやってください。

モヤモヤ、ネガティブな状態のときは、そのネガティブ自体を「しんどいのね」と自分で自分に共感してあげたり、ただそのネガティブ感情があることを「あるなー」と思って、客観視して眺めてあげることが先決です。

しんどい感情も優しく眺めてあげていると、必ず少しずつ小さくなって抵抗を弱めてきますので、**そのあとで引き寄せの設定の言葉を聞かせてあげるのです。**

1日に何回つぶやかないとダメ、書いたあと何回見ないとダメなどというルールは全くありません。つぶやきたいと思ったタイミングでいいのです。

1回つぶやいて放っておいても大丈夫です。意識は1回目にきちんと送り出されています。

ただ、つぶやいたあと、きっと何度となく、そうはいっても無理かもなあ、というネガティブな感情が出てくることがあると思います。そのときは、「ネガティブを受け入れて眺める→設定の言葉を書く、つぶやく」の手順で行ってください。

私はつぶやく時間を1日に必ず1回とっています。それは寝る前です。寝る前は潜在意識に願いを届けるのにとてもいいタイミングなので、のちほどご紹介しますね。

それでは、次から簡単に使える「決めて叶えるお願いの仕方」の言葉をご紹介していきます。声に出して言うのもよし、頭の中でつぶやくもよし、手帳や日記、メモなどにして書いて設定するのもよし、です！

人生をまるごと幸せ設定にして、楽しむ！

これをつぶやこう！

「私は自分の人生を楽しむために生きる！」

「生きていること自体をめいっぱい楽しむ！」

「私の人生はいつも素晴らしい」

自分の引き寄せ力を高め、人生全体をまるごと幸せ設定にする言葉です。

「私は自分の人生を楽しむために生きる！」
「生きていること自体をめいっぱい楽しむ！」
「私の人生はいつも素晴らしい」

このように「こんな私になる！」と決めていくことで人生全体の設定が変わるのです。自分の人生の定義をバーン！　と設定してしまいましょう。

あなたには「人生」という言葉のイメージや定義がありますか？
私はブログや著書で、いつも「人生は楽しむためにある」「私たちは（さまざまな体験を）遊び、楽しむために生まれている」とお伝えしています。
もう少し詳しくいうと、**生きるとは、肉体を通してできる「体験」を楽しむことを一生かけてやるということ。**

願いを引き寄せたいのだって、叶った世界を自分の体を使って「体験」したいからですよね。

美味しいものを食べるという体験、旅に出るという体験、大好きな人と一緒に過ごすという体験……。

頭の中でイメージするのも楽しいですが、身をもって体験してこそ、その真の楽しさの真髄が腑に落ちるのですよね。

生きていれば、時に辛いことも起きてきたりします。

でも、たいていあとでわかることではありますが、その辛いとか大変な現実は、実は自分が幸せになっていくための気づきの機会であり、その気づきからあなたの現実がよい方向へ拡大するチャンスだったりします。

だからこそ、そういった喜怒哀楽すべてのものも含めて、

「私は自分の人生のすべてを楽しめる」

ということを先に設定してしまうと、非常にパワフルなエネルギーが満ちてくる気がしませんか?

「楽しむ」「遊ぶ」とか聞くと、働かないとか、楽ばかりして生きる、というイメー

ジを持つ方がいらっしゃるかもしれません。でも私は、好きな仕事でワクワク頑張ったり努力することも楽しめる、遊べる自分になる、という意味で使っています。

私自身、願いごとがバンバン叶うようになってからも、しんどいなあ、とか気合い入れて頑張るぞ、という出来事や仕事に出合っています。

でも、それらもまるごと楽しむと決め、必ずプラスに変化させてきています。もちろん、大前提として自分が心から大好きな仕事をしているというところがあるから、そうできているのです。

「楽しむ」という言葉の概念はたとえ少し困難なことに出合っても、自分の思考によって結果をよい形に変化させるプロセスすら楽しむということなのです。

あなたも、人生をまるごと楽しんで幸せになる言葉を、自分なりに考えてみてくださいね。

「自分の人生をめいっぱい楽しむ！」

「私は自分の人生を楽しみながら生きていく！」

「いつも満ち足りて生きる私になる（でいる）」

「毎日毎日、今この瞬間を楽しんで生きる」

「どう転んでも、いつも幸せ」

「私の『好き』をたくさん集めて生きる」

「大きなことも小さなことも、したいことを遠慮なくできる自分になる」

「軽やかに人生すべてを楽しんじゃう！」

「自分の力を信じて生きられる！」

「いつからでも欲しい現実を創り直せる私でいる」

自分自身を愛して、幸せ感をアップする！

これをつぶやこう！


「私はすでに、これでよし！」

「私ってすごい！」

「どんな自分も愛せる私になる」

「私はすでに、これでよし！」

「私ってすごい！」

「どんな自分も愛せる私になる」

こう設定してみてください。「自分を愛する」というと大げさな感じがしますが、**頑張って別の人格にならなくても、「今のままですでに完璧」と自分に言えること。これが自分を愛せているということです。**

今、もし自分の中に変えていきたい部分がある、という方であっても、もう今の段階で本当はよし、であり、完璧の状態なのです。ですので、まだ変わりたい、と思っている自分ですら、完成されているのだ、という設定をすることが大切なのです。

「愛する」という言葉が腑に落ちない気がする人は、自己肯定感がまだ少し低いのかもしれません。そういう方は、自分ができていること、チャンレンジしようとしていることに対する姿勢を褒めるような言葉の設定をしてみてください。たとえば、

「自分の心の声を聞こうとしている（聞ける）私はすごい！」

「行動しようとしている私はすごい！」

「自分との対話を楽しんでいる私はすごい！」

こんな感じの言葉の設定を手帳に書いてしまいましょう！　よく見る月間スケジュールのページに書いてしまえば、嫌でもしょっちゅう目に入りますよね。

自分自身の小さな取り組みや意志をすかさず取り上げて褒めてあげることで、自己肯定感を上げていくことができるのです。

自分のことを「よし！」と思えるようになってきたとしたら、それはすでに自分を愛せています。

私の長期講座を受けてくださった方が数ヶ月間この実践をされました。関西の女性で、講座終了時に希望通りの天職を引き寄せて、今その仕事をされています。彼女がこうおっしゃっていました。

「MACOさん、すかさず自分を褒めるんですよ。もしどんな方向に（ネガティブ思考に）行っても、自分を褒めるとセルフイメージが上がるんです。設定も叶うし、すると次の設定も叶いやすくなります。最後は『私ならイケル！』とつぶやいてました（笑）」

彼女はネガティブな感情が発生しても、まず気持ちを「そらそうや！　わかるわ、ネガティブになるん！」と受容し、のちに気持ちが落ち着いたら思考を修正して「望む世界を得る！」と決め直していました。

その合間合間に、「エネルギー転換できた私ってすごい！」とか「心の声を聞いている私ってすごい！」と自分を褒めていたそうです。素晴らしい実践だと思います。

自分に優しくいたいな、という方はこんな表現もいいでしょう。

「どんな自分も許してすべて包み込めるようになる」

また、自分を愛せるようになると自分をどんどん楽しませて喜ばせたくなります。ですから、自分が心地よいと感じるものや、心地よい環境などを増やすというこんな設定もいいですね。

「自分をいい気分にするものをどんどん増やしていく」

「気分が上がるものを周りに増やす」

「受け取り許可」を上げて、たくさんのものが手に入る！

これをつぶやこう！

「私はもっともっと受け取っていい！」

「最高最善を受け取れる私になる」

「軽やかに待てる私になる！」

「遠慮なく受け取っていい」「欲しいものをもらってもいい」という自分自身へのオッケーができていないと、欲しいものが欲しい形でやってきません。恋愛の引き寄せでは特にそうです。

私がカウンセリング、コーチング業を始めてから多くの方にお会いしてきた中で感じることの一つが、「もらってはいけない」「欲しいけれど受け取れない」「願いを受け取るほど私には価値がない」と思っている方がとても多いということ。

日本人は遠慮深い、とよく言われますが、**欲しい人生を手に入れるには、「自分が思っている以上にもらってもいい」と宣言していくくらいでちょうどいいのです。**

受け取り許可はしています！　でも来る気配がありません、という方は、「もっともっともらってもいい。どれだけでももらっていい」という言葉を付け足して再設定してみてください。

「もっともっと」という言葉を付け足すと、音声にしたときの自分の心の感覚がちょっと違うと感じるのではないかな、と思います。

「私はもっともっと受け取っていい！」

という言葉を私も手帳に書いて、引き寄せをしてきました。それくらい、「もらってはいけない」と思っていたのですね。

また、「不要な思考を感謝して手放す！」と決めて、自分の中にある「〜べき」「〜ねば」といういらない思考を手放して、受け取り許可を上げることができます。

「思い込みというゴミを遠慮なく宇宙さんに持って行ってもらう」という設定もいいですね。

そして、宇宙が与えてくれる**「最高最善を受け取れる私になる」**と宣言していきましょう。

言葉を設定して意識を送り出したあと、形になるまでの待つ時間（タイムラグ）がもやもやして辛いと思う方も多いと思います。でも、**待つ時間も本当は、待っているだけではなくて、受け取るための準備期間なのです。**

ですから、**「軽やかに待てる私になる！」「タイムラグを軽やかに楽しめる私になる」**と設定して、できるだけ軽やかな気持ちで過ごせる、来ることをワクワクしながら楽しめる自分でいる、と決めておいたら、自分軸がしっかりしてきますね。

今の幸せに気づけば、想像を超える幸せもやってくる！

これをつぶやこう！

「今ある幸せに気づける自分になる」

「私の周り全方位から幸せがやってくる！」

「ありえないくらいの幸せを手に入れる！」

本来、幸せというのは手に入れようと追いかけるものではなく、すでに自分の内側にたくさんあることに「気づく」もの。

「今ある幸せに気づける自分になる（でいる）」と設定して、今感じられる小さな感謝や幸せに気づいて生きるようになると、もっともっと大きな幸せ（スケールの大きい引き寄せ）を起こすことができるようになります。

まずは小さな幸せをちゃんと感じて、プラス、**「私の周り全方位から幸せがやってくる！」**と、全方位が幸せに取り囲まれて生きている自分を設定します。

他にも、**「幸せ体質の自分になる」「どう転んでも、私はいつも幸せでいる！」「幸せになってしゃあない！」**など、自分に合った幸せの設定をしてしまいましょう。

「ありえないくらいの幸せを手に入れる！」など、頭で考える想像を超えるようなスケールの大きい引き寄せも手に入れることを設定しておいたら楽しいですね。

自分の頭（顕在意識）でわかっている幸せには、限界があります。**自分の想像のレベルを超えた、潜在意識から導かれる幸せとはまだ自分が知らない未知の世界にあります。**言葉で設定することで、そのエネルギーも引っ張り出していきましょう。

方位取り（気学による自分にとっての運気のいい吉方位）は、今年の吉方位などの情報ですが、それらを覚えておいて、いい方角を選んで行動するのも楽しいと思います。さらに引き寄せ力をアップさせるために「とてもよい方位（吉方位）はあるけれど、基本的に全方位が私の吉方位」という考え方をおすすめします。

この設定をすると、気学による吉方位は特によい方位で、違う方角へ旅するとしても、「どこに行っても吉」なので、特にいい、普通にいい、の違いだけで、「悪い方位が存在しない」ということになります。送り出した意識の通りに素粒子が動き、世界が創造されていくのですから、よくない方位を最初から一つも作らない。そして、自分にとってもともといい方位は、さらにいいという設定に上げる。

この思考法で、「**すべての方位のエネルギーを味方につける！**」「**私は全方位からのラッキーを受け取ります！**」「**全部吉方位**」と宣言し、私は全国各地を好きなときに好きなように飛び回っています。いつでも楽しいし、吉方位といわれている方角に行くときには、ますますテンションが上がって旅を楽しめています。また、「行きたいときに行きたいところに行けちゃう私になる！」という設定言葉もおすすめです。

毎日、1年中、いつでもラッキーでいられる！

これをつぶやこう！


「1年中、毎日ラッキーデー！」

「毎日が大安」

「毎日が新月」

「**1年中、毎日ラッキーデー！**」「**毎日が大安**」という設定も、先ほどの方位のとらえ方と連動しますが、私は、**1年365日全部がラッキーデー、大安という設定で意識を送り出します。**毎日よい日なのですが、占いでラッキーデーの日は、「さらに」よい日ということ。このように自分に「悪い日はない」という考え方です。

星座や月、惑星の動きには特に願いを叶えるパワーがあるといわれます。願いを叶えてくれるパワーが強い新月や満月の期間がありますが、これも「**毎日が新月**」「**毎日が満月**」という言葉で、**新月や満月のとき以外も毎日それくらいパワーがある日、と決めてしまうと**楽しいですね。そして、実際に新月や満月のときは「さらによい！」という上乗せ思考を使うと、年中パワーデーの設定になりテンションが上がりますね。

他に、次のような言葉も参考にして使ってみてくださいね。

「**毎日毎日、幸せでしょうがない**」

「**引き寄せられるのが当たり前の毎日にする**」

大好きな人と恋愛・結婚して、満ち足りた人生を送る！

これをつぶやこう！

「大切な彼の光となり、自分も輝いて生きる」
「たった今すぐ愛されていい」
「私にとってベストな人と結婚し、一生幸せに過ごす」

満ち足りた恋愛、結婚を引き寄せる大切なポイントはたった2つです。
それは自分を肯定できていることと、受け取り許可をしっかり下ろしていること。

この2つがあれば自分の望む形の恋愛を引き寄せることができます。ですので、この2つのポイントを含んだ言葉の引き寄せ設定をするといいです。

好きな人がいる方も、まだいない方も、恋愛、結婚の引き寄せのキモは好きな相手（あるいはこれから出会う人）にはありません。自分自身の中、やっぱり意識にあるのです。

「大切な彼の光となり、自分も輝いて生きる」
「最高に可愛い自分でいられる彼とつながる」
「私は大好きな人に愛されていいし、愛される価値もある」

というように、自分を肯定できていますか？

「こうなれば愛される。愛されるにはこれが足りない。あれも足りないから、それを身につけたら彼がやってくる、彼と恋愛がスタートできる」

と思っていると、ご縁はどんどん遠のいて叶うのが遅れていきます。

「たった今すぐ愛されていい」「たった今すぐ結婚していい」

というように、**「たった今〜していい」と自分への宣言を設定してください！**

「今突然、目の前に彼が突然現れてもいいよ。現れても私はすぐそこに飛び込んでいけます！」これくらいの意識エネルギーになってしまいましょう。

意識や思考を送り出してもタイムラグ（願いを決めてから叶うまでの時間）を経て形になってきますから、意識の送り出しは「思い立ったら今すぐ！」が鉄則です。

いきなり結婚しちゃうという意識？　と思うかもしれませんが、素粒子を動かしていくには、これでちょうどいいくらいなのです。

現在どんな状況にある人も、設定は基本全く同じです。

「私にとってベストな人と結婚し、一生幸せに過ごす」

こんなイメージの設定でオッケーです。

もちろん、好きな人がいる、お付き合いしている彼がいて、その人とゴールインしたいという場合、彼の名前を書きたければ書いても大丈夫です。

「自分の一番心地よいと感じる感覚」を大事にすることが重要で、ルールや「～べき」「～ねば」に縛られる必要はありません。ルールに縛られて、自分の波動エネルギーが下がった状態で、願いごとをつぶやいたり、書いたりしてもパワーが宿りません。

特定の人の名前を設定したい場合は手帳などに書いてもいいですが、**大切なことは「自分にとってベストな人」という意識を忘れないことです。**

「この人がいい！」というエネルギーは握りすぎると「執着」といって、「どうしても彼でないと嫌！」という相手をコントロールするエネルギーを無意識に飛ばしてしまう状態を作りやすくなります。

コントロールされることは誰もが嫌なこと。しかし、このコントロールのエネルギーが相手に伝わってしまいかねません。顕在意識レベルでわかっていなくても潜在意識はわかりますので、彼はますます遠ざかってしまいます。

ですから、テンションが上がるのであれば名前を書いても問題はないですが、もし彼ではないとしても、いずれにしても自分にとって世界一のベストな人、という基本意識を持って設定してくださいね。

好きな相手に彼女がいるが振り向いてほしいなど、今苦しい恋愛をしている方も設定は全く同じです。「○○君が好きで、彼には今彼女がいるけれど、やっぱり彼が好き」というような場合も、「○○君がいいな。でもいずれにしても最後には、私は一番好きな人とちゃんとつながって幸せな結婚をする」と設定しておきましょう。

略奪するとか、彼ができたり、結婚することが目的というのではなく、**好きな人とつながることで得られる満ち足りた幸せ感でずっと過ごしている状態をゴールのイメージとして感情を感じてみてください。**

最後に自分がどんな状態を手に入れていたいか、を感じるようにしていき、そのエネルギー状態で好きな言葉を使って設定を作ってみてくださいね。そうすれば効果抜群です。次に設定の例をあげておきますので、自分なりに設定してみましょう。

「君のことが大切すぎて困るよ！　と言われて生きる」

「一生お姫様のように大切にされて生きる！」

「溶けそうなくらい毎日ラブラブの恋愛を引き寄せる」

「大好きな人の最愛の一番になって生きる」

「ニヤけるくらい毎日幸せな結婚生活を引き寄せる」

「私はもうすぐ幸せな結婚をすることになっている（そう決まっている）」

「心から愛する人を一生大切にして生きる」

「幸せな電撃婚！」

「（苦しい恋愛なら）ここから抜け出て、自分にとって最善で幸せな結果を受け取る」


思うように現実が動かないと感じるとき、つい自分の設定を忘れて、「私の何がいけないの？」と原因探しをしてしまいがちです。そのクセに気づいたら、すぐに原因探しはやめてください。原因探しは一切不要です。

送り出す意識、思考は「最後どうなっていたいか、どうありたいか」のみ。

あなたがベストパートナーとつながることを、ただ決めておけばよいだけです。

願いを決めたら、途中でどんなプロセスが起ころうとも、あなたは必ず必要なベストな人に出会い、必要な体験を経て、願いを叶えていきます。

生きがいある仕事・天職に出合って、人も幸せにする！

これをつぶやこう！

「○○の仕事で人を幸せにして
自分も幸せになる！」

「やりたいことで生きられる私になる」

「楽しくてしょうがない天職に出合う」

心からやりがいを感じる仕事、好きなことを仕事にしてお金を循環させたい、自分が「これだ！」と思える天職に出合いたい、という方はとても多いと感じます。

そこに、自分も他人も幸せになるという視点があると、エネルギーは拡大の方向に流れていきやすくなります。ですから、**「○○の仕事で人を幸せにして自分も幸せになる！」**という願い方も豊かです。

潜在意識はすべて一人称でとらえます。つまり、他人のことでも私のこととしてとらえるのです。ですから、他の誰かの幸せを設定に入れると、結果的には自分も幸せになってしまうことになるんですね。

もちろん、ここでの意識の使い方ですが、「そっか、人のことを願っておけば自分もよくなるのだな」という打算意識だと豊かなエネルギーではありませんよね。

「私もあなたも、ともによくなろうね」というウィン・ウィンの関係をイメージして意識を送り出しながら願いを設定してください。

大好きなこと、やりたいことがあるけれど、好きなことでは食べていけない。これもきっと多くの方が持っている代表的な負の思い込みの一つですね。

まず最初に「**やりたいことで生きられる私になる**」と設定しましょう。

「私が心からやりたいと感じることは、それが欲しいという人を引き寄せる。だから遠慮なくやりたいことをやっていい」

こう決めてその意識エネルギーを送り出していくのです。

「**楽しくてしょうがない天職に出合う**」と設定するのもワクワクしますね。

設定したあと、やりたいことで自分の望む形でうまくいくには、今何をしたらいいかな？　とか、仕事のことと関係なく「今何がしたい？」と脳にも問いかけてください。そうしたらワクワクから何かしたくなることがあるはずです。

そのワクワクが、直接天職に関係あるのかないのかは問題ではありません。とにかく心に素直に行動していってください。ここがポイントです。

ワクワクしている心の声を聞いて、そのときしたいこと、したくなることを行動していってください。

そうすれば、楽しくてしょうがない天職と出合えたり、やりたいことが仕事につながっていきます。

あなたは仕事でどんなことを叶えたいですか？　考えてみてくださいね。


「私の仕事で多くの人を幸せにする！」

「心からやりがいを感じる仕事と出合う！」

「私は仕事で軽やかに夢を叶えていく！」

「仕事と遊び・楽しみの境目がなくなる生き方をする」


フリーランスの仕事やお店をしたいという方は、こんな設定で引き寄せましょう。


「旅をしながら仕事を楽しむ」

「私が与えたいものを、欲しい！　と言ってくれる人と出会っていく」

「大好きなお客様をたくさん引き寄せる」

「集客しなくても集客できる」

「勝手にお客様が集まってしまう」

今の仕事に感謝して、思い切って転職に成功する！

これをつぶやこう！

「これまでに感謝して、円満に退職する。ありがとうございます！」

「私を大事にしてくれる職場と出合う」

「これまでに感謝して、円満に退職する。ありがとうございます！」

この言葉で「退職する」という部分は「卒業する」「終わらせる」などの言葉に変えてもオッケーです。こういうケースでは感謝の言葉を最後に足しておくとよいです。

現在の職場を辞めて、転職を考えるときはとても心に負荷がかかりますよね。

これまで助けてくれた人たちへの感謝や、たとえ嫌なことがたくさんあったとしても、すべての出来事にまつわる思考をまるごとひっくるめて「感謝して終わらせる」という意識を送り出していくことが大切です。

「感謝して」のところが重要なポイント。

今後、自分の気持ちがモヤモヤと後戻りしないようにそのように設定するのです。

しっかり意識エネルギーを文字に乗せて書いたりつぶやいたりしてください。そして、

「〇〇（職場名）で働けたことを感謝して、次の仕事に進む」

「私を大事にしてくれる職場（会社）と出合う」

「自分から売り込みしなくてもうまい具合に採用される」

などと決めて、次に進みましょう。

お金のエネルギーを循環させて、金運アップ！

これをつぶやこう！


「お金を使っても使ってもどんどん流れてくる」

「お金を使えば使うほど循環してくる」

「毎日が給料日！」

お金はお札だったり硬貨の形だったりしますが、やはりエネルギーです。**エネルギーは循環させるほど、またうまく巡ってきてくれるもの。止めてばかりでは大きな流れは引き込めないのです。**ですが、お金をやみくもに使うというのではなく、「お金を使うときの意識」にやはり引き寄せのキーがあります。

お金を出すとき、なかなか喜んで出せないという方もいるでしょう。「自分を楽しませてあげる」「自分を愛してあげる」ためにお金を使ったり、「自分のお金が他の人や社会の役に立っている」という自己肯定感を上げていくような意識でお金を使うと、お金にもいい波動が乗っていきます。

むりやりお金に感謝してみるとか、とってつけたみたいに「ありがとう」と言って使うことに違和感がある方はぜひ、**他者のためになる、自分を大切にするために使う、という意識をお金に乗せてみてください。**

自分の波動が変われば金運も上がり、臨時収入なども来たりしますよ。

「お金を使っても使ってもどんどん流れてくる」

こういう設定で、ずっと回り続ける形としてお金の流れを引き寄せましょう。

また、お金の引き寄せを加速させる言葉の使い方として、

「お金を使えば使うほど循環してくる」

などといった、「すればするほど（同時に）拡大する」という比較級表現も楽しくていいですね。


「毎日が給料日！」

という言葉は1冊目の本でも紹介しましたが、もともと私が開催している長期講座の受講生の方がおっしゃった言葉で、ブログや本でシェアさせていただいています。

短い言葉ですけれど、とてもテンションが上がる設定ですよね。

毎日何かしら切れ目なくお金が流れてくる、というようなイメージです。

お給料だけではなく臨時収入やお金に変わるエネルギーである、ものをもらう、お金がかかる作業を人が手伝ってくれる、なども含めて、**お金の流れが絶え間なく入ってくるというイメージの映像を脳内で見ながら、願いを言ってみてくださいね。**

お金のエネルギーを循環させる設定をしてみましょう。

「お金が儲かってしかたがない！」

「貯金が増えて増えてしょうがない！」

「お金のエネルギーをめいっぱい循環させる私になる！」

「お金のエネルギーを大きく動かす！」

仕事でお金を受け取る引き寄せの言葉も考えてみてくださいね。

「人に喜ばれてお金を受け取れる人になる」

「好きな仕事でラクラク年収〇〇〇万円になる！」

「週に3日だけ働いて月収100万円！」

「効率よく仕事をして十分な収入を得る！」

「遠慮せずお金のエネルギーを受け取る！」

家族とのよい信頼関係を築けば、自分も楽になる！

これをつぶやこう！

「誰も助けなくてもみんなが大丈夫、な世界に住む」
「もらえるサポートは遠慮なく受け取り、自分を楽にする」

「誰も助けなくてもみんなが大丈夫、な世界に住む」

これは冷たい考えなのではなく、助けなきゃと思うとそういう人を目の前に引き寄せてしまいやすい、という法則を踏まえた言葉の使い方です。

ただ、身近な家族のことはどうしても真っ先に心配や不安になりやすいもの。愛情からくる心配や不安はどうしてもなくなりませんよね。

しかし、**引き寄せ的には、相手の力を信頼しておくということが大前提。**たとえ今辛い状況にある人がそばにいても、その人の持てる力をまず、しっかり信じてあげることから思考を作っていきましょう。

家族や自分にとって大切な身近な人ほど相手の力を信頼して、こういう言葉で設定をしましょう。弱い人など、本当は宇宙にはいないのです。

「かわいそう」と思うことは、「相手に力がない」と言っていることになってしまいます。何かをしてあげなくてはならない状況があるにしても、相手の力と、どんな瞬間も完璧な姿で存在していることをまず認めて、受け入れていてくださいね。

今、介護や子育てで少し苦しいなと感じている方もいらっしゃると思います。「親や子どもの力を信じて大丈夫」の意識を送り続けるとともに、関わる自分がしんどくなりすぎないように、という設定も同時に大切です。

大丈夫だと見ていても、実際にしなければならないことを抱えているような場合は、**「もらえるサポートは遠慮なく受け取り、自分を楽にする」**というように、あらゆるサポート体制を自分のほうに引き寄せる設定をしてください。私たちは現実世界で生きています。助けてくれる人や適切な支援の情報が入ってきたら受け取ってください。

また、**自分のやりたいことは家族の状況と関係なく設定してください。**ここも大切なポイントです。

家族のために犠牲にならなくてはならない、という思い込みはいったん脇に置き、「時々は友達とランチを楽しめる。旅行もできる」というふうに、現状と切り離して、ただ欲しい現実のみを意識してみてください。そうすると、タイミングよく助けてくれる環境や人を引き寄せます。

以前私のセミナーに来てくださったある方は、親御さんの介護をされていて、なかなか外出も好きなようにはできず、自宅から遠くで開かれる私のセミナーにはとうてい参加できないだろうとずっと思っていたそうです。

でも、あるとき、どうしても行って直接話が聞きたいと思って、手帳にこう書かれたのです。「セミナーやイベントにも行くし、買い物やお出かけも楽しむ」と。

ただそれだけ設定して、日々できることをしながら、ご自身のエネルギーをうまく保ったり、親御さんのことも大丈夫という意識で、できるだけおおらかな気持ちで関わるようにしていました。

すると、私のセミナーの日には親戚の方が家に来てくれるということで、お手伝いをお願いできたそうです。

このことをきっかけに、もっと遠慮なく自分のしたいことを設定する、と強く決め直したのだそうです。「自分と親のこととを強く結びつけすぎていて、自分の幸せを犠牲にしていました」とおっしゃっていました。きっとこれから素敵な恋愛もされるのではないかなと私は思っています。

子どもの可能性と力を引き出して、のびのびと育てる！

これをつぶやこう！

「○○ちゃんは大丈夫、力がある」

「自分の子どもと引き寄せを楽しむ！」

自分の子どもとの関係においては、「**○○ちゃんは大丈夫、力がある**」と、**相手の力を認めて心配のエネルギーを手放す設定をおすすめします。**

また、「**自分の子どもと引き寄せを楽しむ！**」という設定もいいですね。

子どもが小さいときから、もっとのびのびと、「自分が何をしたいか」「どうしたいか」を親が聞いてあげる。親が子どもの可能性に制限などつけることなく、子どもが好きなことにどんどんチャンレンジして世界を広げていってほしいと思うからです。

子どもたちでさえ、小さいときから「～べき」「～ねば」でたくさんの選択をしています。

自由にやりたいことをやっていく、というのはなんでもありだよ、何しても好きほうだいでいいんだよ、ということではありません。その部分は親がちゃんと説明してあげればいいと思います。

人がともに幸せになりながら、それぞれがやりたいことで輝いて生きる世界を創っていい、そんな進路を遠慮なく選んでいい、みんながお互いのやりたいことを認めて応援し合えたら素敵。こういうことを親子で話せるのが普通になったらとても素敵です。こうして親子で引き寄せを楽しめるといいですね。

私の娘には、中学生の頃から「自分で選択し、一番やりたいことをやりなさい」と言ってきました。小学生のときは「あの学校に入るべき、こんな進路をとったらいい」となんでも指図していた私ですが、引き寄せを知ってから、本人の一番やりたいことを聞いてあげる、内側の力を引き出してあげる、という思考に変えてきました。

その結果、手前みそですが、本当に自分のやりたいことをして、人生にコミットして生きる子になったと思います。中学も高校も本当に楽しいと言い続けて通っていました。今は自分の実力のはるか上のすごい仕事を目指して頑張って勉強しています。周囲から、そんなことは難しいからやめさせたら、と言われても、私は親として全面的に応援しますし、必ず引き寄せる子だ、と思って毎日彼女の姿を見ています。だからなんの不安もありません。

いつ頃からか、辛くてしんどいとばかり思っていた子育てが楽しくなったのも引き寄せを知ってからです。子どもや親のことを大丈夫、と信頼の意識エネルギーで見てあげることのパワー、ぜひ日々取り入れてみてくださいね。

苦手な人がいなくなり、大好きな人に囲まれる！

これをつぶやこう！

「大好きな人たちと一番強くつながって過ごす」
「私と気の合う人を近くにどんどん引き寄せる！」
「他者に対して、ノージャッジで生きる」

この世界には、そもそも「いろんな人が存在している」ということが大原則です。どうしてこんなに意地悪なんだろう、という人が身近にいるかもしれませんし、どうしてこんなこと言うんだろう、と感じる人もいるかもしれません。

しかし、**自分にとってちょっと苦手な人たちも、その人はその人のステージで実は完璧な姿なのです。**そして、今は自分にとって嫌な人全開だと感じる人たちも、今後その人たちの内側が変わっていくプロセスが起きてくる人かもしれませんしね。

何をかくそう、私自身も引き寄せをしっかり知る7、8年くらい前までは嫌なところが多かったなあ、と自分で思います。よくここまで変化したな、と思っているくらいです（汗）。この変化、気づき、学びのタイミングは人それぞれで、他人が人を変えることができないのも現実です。

ただ、苦手な人が自分の一番近いところにいるとやっぱり辛いですよね。これは席が近いとかいう物理的な意味、いつも気になってしょうがないという精神的な意味の両方を指しています。

ただ、多数の人が関わる社会のコミュニティー（仕事場や学校など）で生きる私たちは苦手な人を完璧に避けることは実際には不可能ですよね。だからこそ近さの優先順位を変えてしまう、こんな引き寄せ設定が役に立ちます。

「大好きな人たちと一番強くつながって過ごす」

「私と気の合う人を近くにどんどん引き寄せる！」

苦手な人の存在そのものは、人はそれぞれ、この人は今これで完璧なのね、と在り方そのものは認めておく。でも、自分にとっては苦手なのだからご縁は薄いほうがいいので、この言葉のように設定をして意識を送り出してみてください。

いろいろあっても、**自分の一番身近なところにいる人が大好きで心地よい人ばかり、という現実は引き寄せられます。**

苦手な人は相手を認めておいて、心の中で線引きをしていく、切り離していく。そういうやり方で対処していきましょう。

ポイントは相手の存在は否定しないで、自分の中の意識だけを切り離すことです。

「他者に対して、ノージャッジで生きる」

という設定とも連動するのですが、私たちは普段無意識に自分以外の人をジャッジ（いい悪いを判断）しながら過ごしています。

自分の価値観と合わないと、相手を不快に思ったり、相手のすること、言うことを「それ、あかんやろ……」と心の中で反射的に否定していたりするものです。

ジャッジをすべて手放すことは難しいかもしれませんが、これまでより少しだけ、相手を自分の価値観で切ってしまうことをやめてみたら、人間関係は大きく変化していきます。

人はそれぞれ好きな思考、行動を選んでいます。もし合わないな、不快だな、と思ったら、その人を攻撃するのではなく、**この人はこの人でいい、私にはどうも合わないみたいだから、私は私で違う思考を選んでおこう、でいいのです。**

恋愛や結婚でもパートナーと考えが合わないなんてよくあることで、ずれるたびに喧嘩《けんか》していたらいつかお別れしてしまいます。

もし合わないと感じても、いきなり、それだめでしょ！　ではなく、そっかこの人はこんなとき、こう感じるんだ、と相手の思考を受け入れるようにすると、どのように折り合いをつけたらいいかが見えてくると思います。

ちょっと今回はゆずって合わせてあげようかな、とか、お互い好きな思考を選んでいて大丈夫そうだな、とか。恋愛も相手との違いを楽しむものなので、違っているから無理！　と言っていると誰とも付き合えなくなってしまいます。

だって、**お互いの違いを楽しむために私たちはこの世界に生きているのですから。**

お互いに助け合う、周りの人のサポートを受けられるようになる設定もいいですね。

「遠慮なくサポートを受け取る！」

「心置きなくお願いができる自分になる」

他者も自分も両方尊重できるようになりたい場合は、こんな設定もあります。

「あなたもＯＫ、私もＯＫの世界に住む！」

「人の幸せを祈れる私になる」

嫌なことが起きても大丈夫、乗り越えられる！

これをつぶやこう！

「何が起きてもすべてはベストな結果につながる」
「今大変でも、必ず大丈夫な結果になっていく」
「嫌なことを糧にできる自分になる」

生きていると本当にいろんなことが起きてきます。「何が起こるかわからない！」という意識を普段から出し続けていると、やはり引き寄せやすくなってしまうので、わざわざそういう思考を使う必要はありません。

それでも生きていると、困ることや、大変だなと思うこと、心地よくないと感じること、あれ、うまくいっていないかな？　と感じることも起こることがありますよね。

引き寄せ実践をしていくと、心地よくないことの数は明らかに減ります。それは自分の思考の送り出し方や意識の在り方が変わったので、以前嫌だと感じたことに対して悪い意味付けをしなくなった、ということもあります。

苦しいこと苦手なことから延々と逃げ続けたり、避けたりする意識でいると、いつまでも心穏やかではなく、幸せになることを追いかけるゲームのようになってしまいますね。

大切なことは、起きた出来事を新しい現実に転換していける思考力をつけることなのです。ですから、「**何が起きてもすべてはベストな結果につながる**」「**今大変でも、必ず大丈夫な結果になっていく**」と設定してみてください。

起きた出来事については、最後に望ましい結果になったイメージングをしておくといいです。とりあえず、今ある目の前の現状をいったん無視して、**こうなっていたらほっとする、安心する、落ち着くな、という映像を脳内で作って見てください。**

そして、「あー、よかった。これでよしだ」という言葉を口に出してつぶやき、安堵の感覚を感じるイメージングをしてみてください。脳は映像を追っていきます。

安堵の感情をそこにくっつけて、まさにそれが引き寄せられたリアルなビジョンを見るのです。設定した言葉だけでなく、映像で見ることはとても効果的です。

自分のメンタル力を上げたい場合は、「**嫌なことを糧にできる自分になる**」という元気な設定もいいと思います。

自分の内側に力がみなぎるようになれば、起きた現実に対して冷静に対応でき、望ましい思考を自然に選んでいけるようになります。送り出した思考、意識から素粒子が動き、現実をその瞬間から新しく創造していきます。

嫌なことを起こさないようにビクビクする思考の使い方ではなく、自分でコントロール自在の思考転換力をつける。そういう設定のほうが絶対パワフルです。

年をとるほど、若々しさと美しさを手に入れる！

これをつぶやこう！


「年をとればとるほど、元気に若々しくなる！」

「年をとることを楽しめる私になる！」

「見た目年齢、一生マイナス10歳！」

女性も男性もいつまでも若々しく元気でいたいものですよね。

私はこれらの言葉を引き寄せ設定するようになってから、年齢よりずっと若く見られるようになりました。実年齢ではじゅうぶんいい年になっていますが、今や、自分の年齢が何歳だったかをすっかり忘れて過ごしています。

「年をとればとるほど、元気に若々しくなる！」
「年をとればとるほど、元気になる！」

自分がそこに意識を持っていくようになったので、そうなるための必要な情報と出会いが勝手に引き寄せられてきました。

若々しさと元気を引き寄せるためにとても大切な思考ポイントをまずお教えします。

年をとることをしっかり受け入れ、肯定してから、引き寄せ設定をする。これが美しさ、若々しさを引き寄せる最も重要なポイントです。

私は自分の肉体年齢は全くもう気にしていませんが、年をとっていくこと自体は100パーセント受け入れて肯定しています。**「年をとることを楽しめる私になる！」**と設定して生きていくことは、とても素晴らしいことであると思いますし、無事に年を重ねられていることに感謝が自然とわいてきます。

その上で、年齢より若々しく元気で生きられたらもっと楽しいなあ、若々しく見られたら楽しいなあ。だから引き寄せてしまおう！　という意識で設定をしています。

私たちは普段背中に「年齢」を背番号のように書いて生きているわけではありません。ですから、いちいち口にしないと他人にはわからない実年齢にとらわれて生きる必要はありませんよね。

「見た目年齢、一生マイナス10歳！（15歳、20歳でもＯＫ）」のように、これくらいに見られたいな、そうなったら楽しいな、という年齢の意識のままで生きることを設定したり、**「見た目年齢で生きる！」**と設定して、実践を楽しんでくださいね。

「否定」の意識エネルギーは自分の波動を下げてしまいますので、一切の否定をやめる、という意識でいましょう。

年をとるのはいけない、よくないことだ、と思いながらそれに逆らうように願いを設定しても、自分自身がいいエネルギーで過ごすことができません。

「人間なのだから、年をとることは人としても奥行きが出て素晴らしい」を前提に設定していきましょう。年を重ねることを、私はこれでよし！　と思うと、自分の内側にパワーが戻ってくる感じがするはずです。

そういう肯定的な思考、意識をしっかり決意して送り出すのです。すると、こうしたらもっと綺麗になれていいよ、こんないい情報があるよ、と自分の感覚のアンテナにピンと響く情報が入りだします。すると、あなたの脳の反応もよくなり、情報をキャッチしてくれるようになります。

私の場合は、こんな実践の流れで、ピンときた感覚で思い切って表情筋トレーニングインストラクターの学びを始めて、素敵な先生と出会いました。学ぶための最初の投資はたしかに思い切りが必要でしたが、そのときの感覚が、もう本当にワクワクしたのでやってみたのです。結果は大正解でした。

表情筋トレーニングの先生は心理の勉強の師でもあったので、本当に自分に必要だった学びが一気に引き寄せられてきたのです。メンターとしてとても尊敬していて、今も時々勉強に行かせていただいています。

そして、今は時間とお金をかけなくても、自分で、家で1日2分ほどでできる表情筋トレーニングのおかげでどんどん若々しくなっていると思います。

挙句に基礎化粧品まで簡単に作れる方法が引き寄せられてきて、手作りするようになり、本当にお金はかからなくなってしまいました。

このように、**しっかり決意して願いに意識を向けると、自分にとって一番ぴったりくる情報が少しずつ入ってくるようになります。**

私は自分で無理なくできることで、元気で若々しくいられる簡単な方法を引き寄せてしまったというわけです。インストラクターにもなって、自分で教えることもできるようになりました。


言葉の設定では、「比較級」の表現を使うと楽しいですね。

「～すればするほど、～になる」という英語の構文にもある表現を使います。年をとるということと、若々しくなるという相反する事柄をあえて設定するのです。

「年をとればとるほど」それに反比例して「若々しく」なってしまうミラクルな設定がポイントです。そのミラクルが起こるイメージ感覚を楽しんで使ってくださいね。

これはテンションが上がる表現の一つだと思いますのでおすすめです。

もう一つのポイントは「若くなる」ではなく、「若々しくなる」です。

引き寄せをやっても、80歳で20歳のときと全く同じ顔です！　という引き寄せはできません。

ですが、老いを遅らせること、健康を維持することは可能です。

決めた言葉を手帳に書いたとたん、美と健康と若さに関する情報に脳がアクセスし始めてくれることでしょう。

美容の引き寄せは理想のビジュアルを見ながら実践するのがとても効果的です。

憧れの女優さんの雑誌の切り抜きや画像を用意して、こんなふうになる！　と決めてみてください。写真を見てお化粧法やファッション、表情の作り方など、自分にピンとくるものがあったら、なんでも真似してみる。何か可能な範囲で行動してみる。

こんなモチベーションになったとしたら、引き寄せ実践は順調な証拠ですね。

我慢しなくても、
思考でダイエットもうまくいく!

これをつぶやこう!

「好きなものを食べても太らない!」
「設定した見た目体重で生きる!」

年齢と同じで、背中に自分の体重を背番号のように記して過ごしているわけではありません。ですから、何キロ、という枠にとらわれすぎないのがいいですね。

「設定した見た目体重で生きる！」とは、実体重にとらわれすぎないための宣言。やせて見えるファッションの情報もたくさん引き寄せできますが、自分に無理をさせず、実体重よりスレンダーに見えてもいい、と決めておくと楽しいですね。

食べたいものがあるときは我慢せず、今の瞬間を楽しみ、自分の波動エネルギーをとにかく下げすぎないこと。罪悪感で食べるのは、やはり自己否定になってしまい、どんどん波動が下がります。

「好きなものを食べても太らない！（体重維持できる、痩せられる）」などの設定で、**食べたいものを楽しんでも大丈夫、太らない、維持できる、痩せられるくらいの意識をいつも使っていてください。**

食べてしまう自分への否定をやめたら、逆に次の日の食事にちょっと気をつけたくなったり、頑張りすぎずにできる体重調整法の情報が飛び込んできたりします。自分に対する否定をやめることが、実はよい情報を受け取る体質を作ってくれるのです。

突然楽しいことが起こり、奇跡がやってくる！

これをつぶやこう！

「奇跡が当たり前に起こる世界を体験する」

「楽しいことを日常的に起こしていく！」

現実を大きく変えていくのに一番ネックになるのが、ついやってしまう「頭の計算」です。私たちの頭（脳）の中には多くのデータが刻まれています。生まれたときから今日まで自分が体験してきたこと、周囲の人に言われたこと、自分でこうだと思い込んだことなど、さまざまな記憶、思い込みのデータが刻まれており、それを時々引っ張り出しては、自分の願いごとに対して「どうせ無理」という制限をつけています。

ですから、引き寄せをドカンと動かして現実を変えていきたいときは、頭でやってしまう自動計算の枠を越えなければなりません。

そのための設定の例が、**「奇跡が当たり前に起こる世界を体験する」「楽しいことを日常的に起こしていく！」**です。

「奇跡が当たり前に起こる」というのは突拍子もないような感じがしますが、それくらいスケールの大きいイメージを持っていたほうがいいからです。

「なんか突然ポン！　と現実が変わったっていいよね。想像もつかないくらい楽しいこと、嬉しいこと、面白いことが起きたっていいよね。そしてそういう現実を受け取れる私になります！」という宣言を一つの文章にしてしまいましょう。

私はこの言葉を設定したことで、だんだん頭の計算をすることが少なくなりました。すぐに「AしたらBになる、だからCしないと」みたいな計算をいつもやっていましたが、今はやらなくなりました。そのかわりに、宇宙さんにいつも「楽しいこと突然見せてネー！　絶対喜んで受け取るから！」と宣言しています。

もちろん自分の好きで取り組んでいることはワクワクして努力もしています。頑張る努力ではなくて、楽しんでやる努力です。ワクワクしているから、突然すごい引き寄せが起きてもいいよ！　行動もしてるしね！　という感じです。

そういう意識で過ごしていて出版のお話も引き寄せましたし、最初の本がベストセラーにもなりました。書いたり伝えたりするのが好きだから、どんどん楽しんで努力してやり続けるから突然奇跡見せてねー！　と意識を出しておいたんです。

ブログを書いていても、読者さんは増えてもこのくらい、とか、アクセスはこれくらい、という頭の計算を一切やめてから、世界がパーンと開けました。

仕事でなくてもいいんです。「突然素敵な彼ができてもいい！」とか、ワクワクしますよね？　そんな自分になるために、ぜひこの言葉を設定してみてくださいね。

夜寝る前につぶやいて、潜在意識にお任せする！

これをつぶやこう！

「今日も私はオッケーでした」
「私は○○になる」
「私は○○を得る」

寝る前というのは願いを潜在意識に一番落としやすい時間なのです。なぜかというと、眠ったあとは、人は思考をしませんよね？　当たり前ですが、意識的な思考はできませんね。

ということは、自分が起きているとき、どうしても普段ぎゅっと握りやすい負の思い込みや、心配や不安などの心の抵抗感が邪魔しないということ。

しかもお風呂に入って体をゆるめたあとですので、心身ともにリラックスした状態にあり、一番願いを落とし込みやすい、よい状態にあるのです。ですから、この時間を有効に使わない手はないのです。

お布団に入って目を閉じたら、手と足をダラーンと脱力し、徐々に全身の力を抜いてください。そして、まず自分にこう言ってみましょう。

「今日も私はオッケーでした！」

「今日の私もマルでした！」

他の表現でもいいですが、まず、**今日1日の自分を優しくねぎらう言葉を自分に言ってあげてくださいね。これだけで内側のエネルギーが上がり、波動がよくなります。**

内側のエネルギーを上げたあとは、そのまま未来にも思考エネルギーを飛ばしておきましょう。

願いごとを簡潔な言葉で**「私は○○になる」「私は○○を得る」**などと、つぶやいたあと、即、「はい、おやすみ！」とすぐに寝てしまいましょう。

あとは眠っている間に、潜在意識さんが深いところへあなたの願いを連れていってくれます。眠っているので、できない、無理！という心の抵抗は働きません！お任せするだけなので効果大です。

朝起きたらつぶやいて、1日に「幸せ設定」をする！

これをつぶやこう！

「今日も1日楽しく過ごす！」

「今日必ず一つとても楽しいことを引き寄せる！」

「毎日幸せ。1日中幸せ」

私もそうなのですが、朝起きてすぐは、ぼーっとしてしまう方も多いですよね。起きてすぐ脳に「今日はこう過ごすんだ！」という指令を入れてしまうのはいいことです。**朝起きた直後も潜在意識にお届けしやすい、よい時間なのです。**

眠気でまだぼーっとしていたりするので、朝もできるだけ短い言葉がいいでしょう。どんな1日にするか決めてしまいます。基本私は1日中、1年中ずっと幸せな人なんだ、という設定を日々日々していきましょう。**寝てもさめても、「毎日、年中幸せ」を自分の人生の定義、というように設定してしまうのです。**

「今日も1日楽しく過ごす！」「今日必ず一つとても楽しいことを引き寄せる！」「毎日幸せ。1日中幸せ」など、これくらい短い表現でいいですし、言葉も脳内で1回つぶやけばオッケーです。

起きて時間がたつと、私たちは覚醒していろいろと思考を始めるので、あれやこれやと情報が入ってきます。だからこそまず起き抜けにすかさず、「楽しい1日になる！」という設定をスパン！　と入れてしまいましょう！　先手必勝です。

ネガティブでもOK、
願いは必ず叶う!

これをつぶやこう!

「ネガティブな思考があっても
願いを叶える人になる!」
「ネガティブ思考を味方につけて、
引き寄せがバンバンできる自分になる」

私の1冊目の本では、願いを決めたあと、どうしても襲ってくるネガティブ思考との付き合い方、思考の扱い方について書きました。

大事なことは、ネガティブな思考が出ることは全く問題ではないということです。

ネガティブ思考を出してはいけない、と多くの方は思ってしまうようなのですが、人間ですからどんな感情もあってこそ自然、という認識にまず変えていきましょう。

ただ、なんでもかんでも悲観的で、ダメだと思っていると、さすがに願いは叶いにくくなります。強烈なネガティブ思考に陥って抜けられなくなったときは、思考を転換し、別の意識を送り出すことが必要になってきます。

まずは、「ネガティブな感情があっても問題なく引き寄せができる私になる、私でいる」という設定を自分自身にしてしまってください。

「ネガティブな思考があっても願いを叶える人になる！」

「ネガティブ思考を味方につけて、引き寄せがバンバンできる自分になる」

私はこの設定を徹底的に腹に落としています。

自分のネガティブな感情をいけない、と思うことは潜在意識の視点からすると「全面的な自己否定」になるのです。

自分を自分で否定すると、その否定の感情エネルギーが影響を受けるのも、自分自身です。自己否定により、あっという間に自分で自分の波動を下げてしまうので自分で自分の首をしめるのと同じなのです。

ネガティブな感情からも恩恵は必ずやってきます。あっちへ行って！　ではなく、この際仲良く手を組んでいきましょう。ぜひ味方にしてしまってください。

ひょっとしたらポジティブな思考よりネガティブさんのほうがあなたの人生に対して、大きな気づきをもたらしてくれるかもしれませんよ。

ネガティブな感情からその裏に隠れていた自分の本心、たとえば「本当は～したいけど、私には力がない」などに気づくことができれば、そのマイナスブロックをこれから手放すと宣言していくことができます。

ネガティブ感情は自分を変えるヒントを与えてくれる味方なのです。

Chapter 3

この実践法なら、ネガティブでも大丈夫！

思考と行動が変われば、願いがグングン近づいてくる！

自分にしっくりくるやり方を見つけよう

この章では、引き寄せを加速させる実践法のコツやポイントをご紹介します。

私はブログでも本の中でも、一貫して「自分に一番しっくりくる合ったやり方」での実践をおすすめしています。なぜなら、私たちは一人ひとり全く違った脳を持ち独自の思考の傾向を持っています。何が心の感覚にピンとくるか、のポイントも全然違いますから、自分に合う引き寄せ方も、人それぞれ違っているのが当たり前なのです。

自分がこれならやりやすくて、心の抵抗感が少ないと感じるものを実践していくのが現実をスムーズに動かすキモになります。 情報をうのみするのではなく、いろいろ試しながら、得たものから自分に合うものを選んでいくようにしてくださいね。

ネガティブ思考が強いと感じている方も、思いグセは変えられます。

苦手科目を克服するという視点でなく、やりやすいやり方を選んで楽に進んでいく方法でいこう！　という視点で実践してみてください。すると、「できない！」という心の抵抗感が小さくなるのでおすすめです。

願いが叶うまでの6つのステップ

まず、願いを決めてから引き寄せを動かしていく手順・過程を、心の状態を踏まえながら、解説してみます。

1．願いの設定をする（＝決める）。

2．願いごとを決めたら、その願いはまずいったん放置（＝放っておく）。

「こうなる！」と意識を向けたことは素粒子が動き、必ずプロセスが開かれていっていますので、まだ目に見えていないだけで、まずいったん放置するのでいいのです。

これを世間では、「委ねる」とか「手放す」「お任せする」などといいますね。

3．決めたあとは、心地よい波動エネルギーで過ごせるように、自分の心の感覚を大切に、自分で自分を満たすことをしながら1日を送る。

そして、無理しない範囲でいいので、ちょっと嬉しくなることを自分にしてあげる。美味しいものを食べたり、友達と楽しくしゃべって過ごしたり、そのときできること、自分にとって心地よいことですね。

4．しばらくすると、「でも願いが叶うのは無理だろう」というマイナス感情が出てくる。

これは願いの設定にもよりますが、たいてい出てきます。ホメオスタシス（恒常性維持機能）という、外の影響に抵抗して自分がこれまで維持してきた状態に戻そうという機能が思考にも働くため、長年使っていた思考のクセに戻そうとします。つまり、願いを叶える前の自分に戻そうとするので、これを超えていく必要があります。

5．出てきたネガティブ感情を「ああ、今悲しいんだね。辛いよね」と受容し共感してあげて、自分で自分の気持ちをただ抱きしめてあげる。

6．少し気持ちが落ち着いてきたと感じたら、次はこの先の未来はどうありたいかという部分に意識を合わせ直す（＝決め直す）。

「決め直す」とは、願いが叶わないという周波数にいってしまった自分を、「叶う」の周波数に戻す作業です。引き寄せは波動の法則ですから、叶わないという波動のままでいると叶わなくなってしまいます。ですから、「叶う」の波動に再度周波数を合わせ、ここだと定義することを必ず最後にはしてください。

おおよそこの流れを繰り返しながら、だんだん現実が変わってきます。

引き寄せは「いろいろ並行実践法」が効果的！

願いを引き寄せるためにできる実践はたくさんあります。以下にご紹介しますので、その時々の状況や心の状態に合わせて、日々、いろいろ並行してやっていきます。

・願いをしっかり「決める！」。
・気持ちがぶれたら「決め直す」。
・いい気分を選択する。
・ワクワクすること、楽しいことをする。
・今、この瞬間に意識をしっかり向け、目の前のことに集中する。
・心地よくない情報をスルーする。
・未来の自分をイメージング（妄想でもオッケー）する。
・自分で自分を許す。
・自分で自分を受け入れ、これでよし！　と肯定する。
・自分の好き、を集める。探す。
・五感をいろいろ使ってリラックスする。
・思考のクセを外す（瞑想やワークをするなども）、整える。
・出来事、人のいいところを探してみる。
・自分を満たす（そのとき自分が欲しているものを可能な範囲で与える）。
・小さな選択でも自分で決める練習をする。

・ネガティブな感情があっても、そこから「私は何を望むのか」を徹底的に自分に問う。
・宇宙、自分の潜在意識に問いかけをしたり、サポートをお願いしておく。
・外界はいったん脇においておき、自分の心に目を向ける時間をとる。

一つの実践に固執するのではなく、できる実践をあれこれ生活の中に溶け込ませていくことによって、思考習慣（体質）を変えていくことが大事なのです。

あなたが「いい気分で過ごす」ということを日々宣言しているとします。来る日も来る日も「私は今日、いい気分でいられたかしら？」と自分の思考を見張って、できたかできないか、の確認ばかりしている必要はありません。

「私はネガティブ傾向だからネガティブな面だけ見ておく！」とか、「常にいい気分でいられるよう感情を見張っておく！」とか、「いつもリラックスすることだけ意識している！」「1日中決め直ししている！」などしなくていいのです。こんなことをしていたら、逆にしんどくなってしまいますよね。

その瞬間その瞬間、自分の心の感覚に合った実践をいろいろやりながら過ごしてい

くと、気づくと願いが叶っていたりします。どの実践がどのように功を奏したかは考えなくても大丈夫。実践もバランスが大事。体質改善、習慣を変えていくようなイメージで、あれこれそのタイミングで先に書いたようなさまざまな実践を楽しんで味わってみてください。そのほうが早く現実が動いていきますよ。

ティンカーベルのように願いを宇宙に放とう

Ｃｈａｐｔｅｒ２でお願いの仕方（引き寄せ設定の仕方）について詳細に書きましたが、引き寄せ実践はまず、とにかくどうする、こうなる、と「決めること」です。決めた内容によっては「～する！」と決意したあと、執着につながりやすい願いもあると思います。そういうときの思考の使い方の実践例をご紹介します。


「～する！」

「それ以上の（嬉しい）ことが起こっても、私、受け取りまーす！」

と宣言してしまうこと。

頭で把握できる顕在意識はだいたい5％といわれます。それ以外の潜在意識の領域は95％ほどあります。

ということは、**自分の設定に固執しすぎず、「それ以上でもいい」とすると設定範囲がゆるまり、入ってくるものの可能性を広げることにつながります。**

これしかない！　とジャッジして小さくまとまるのではなく、自分の顕在意識でしてしまうコントロールを外して、より大きく願うこと。こうすると、執着感をゆるめることと、入ってくる設定範囲をゆるめることの両方につながります。

妖精のティンカーベルは妖精の粉の力を使い、信じる心を通じて成長していくストーリーですが、あなたの願いも、自由に宇宙に飛び立つにはコントロールできないことは握りすぎず、少しゆるめてあげると自由に飛び立っていってくれます。

自分に問いかければ、答えは必ずやってくる

セミナーやセッション、ブログでもよくいただくのが、「これってやめろってこと

でしょうか?」「私はこれがやりたいのでしょうか?」などという、ご自身の選択を聞いてしまうようなご質問です。

結論からいうと、あなたが何を心から望んでいるかは、カウンセラーやメンタルコーチであってもわかりません。自分のことは自分にしかわかりません。自分がどうしたいか、はどんなに高名なチャネラーさんやリーディングをしてくれる人でもわからないと思っていてください。

これは他人に聞くことではなく、「答えは自分の中にすでにすべてありますよ」としか言えないのですね。

なぜ自分のことなのに、答えかどうかわからないのか?

なぜ自分の本心がわからないのか?

この理由は一つには、自分に「どうしたいの?」と、問いかける習慣が足りないから、「こうしたい!」という気持ちがはっきりしていないことが多い、ということがあげられます。

自分の本心が何を望んでいるのか、「私は今どうしたいかな? どれを選ぶ?」と、

しっかり自分の心に聞き続ける。そうすると、最初は「こうしたい！」がはっきり出てこなくても、聞き続けていくことでだんだん感覚が目を覚まし、心の声がわかるようになってきます。

もう一つの理由は、自分の気持ちを抑えて生き続けてきたがために、自分が何を欲しているかわからなくなっている、ということ。

つまり、本心が深いところで寝てしまって起きないという状態だから。本心が寝てしまっている、と感じる方は、寝た子を起こしていくところから始めましょう。

私が普段からやっていることの一つに、「自分への問いかけ」というのがあります。

「自分への問いかけ」のポイントは、

① まず、「自分に聞く」ということを習慣にする。

② そして、「聞いたことの答えは必ずやってくる」と決める。

しっかり決めたら、答えは本当に来ます！　本当は私たちはすべての問いの答えを内側に持っている状態で生きています。

それに気づいていないだけです。だから、問いかけを習慣にしていくのです。

自分に聞く！　ただそれだけ！

「ねえ、これどう？」「どっちがいいかな？」「今どうしたいかな？」

毎瞬、毎瞬、ただ自分に聞く！　でも、無理をして義務みたいにやる必要はないですよ。言い方を変えると、これは「心の感覚を感じる練習」と表現できると思います。

自分の心の感覚に鈍感になっていませんか？　人に合わせてばかりで生きていると心の感覚を感じられなくなっていきます。自分が何をしたいか、何を今選びたいのかすら、わからなくなっていきます。

答えは全部自分の内側にある。

これを覚えておいて、「自分に聞く！」これを習慣にしてみてください。

「タイムラグ」は願いを受け取るための必須教科

タイムラグ（願いを決めてから叶うまでの時間）は、「待たされている」という思考になりやすいのですが、本当は願いが叶う前の準備期間です。

自分が心地よいなと感じる言葉で引き寄せの設定をしたあと、このタイムラグを重たく感じてしまう人が多いと思います。

でも、今日から、**この待っていると感じる時間こそ、欲しい現実がやってきたとき、しっかり受け取れる私になるための、「自分の意志力育ての時間」ととらえてください。**


引き寄せが叶うかどうかは、願いの受け取り許可を自分に与えているかどうか、要するに欲しい状況を自分が欲しい形で遠慮なく受け取っていいんだよ、と自分にOKを出せているかどうか、という部分に深く関係するのです。

「願いが叶うか、叶わないか」の部分だけにフォーカスしてしまう人が多いのですが、注意して見るポイントはそこではありません。

もしこういう、できる、できない、の結果だけを見るのがクセのようになっていたとしたら、今日からやめるぞ！　と決めてくださいね。

フォーカスをするのはそちらではなく、叶っていくまでのプロセス期間中に「願いをしっかり受け取り、握って確実に離さない私」に育っていることのほう。

タイムラグ期間は、受け取る準備をする時間なのです。

彼が欲しい人も、お金の流れが欲しい人も、天職に出合いたい人も、いざそれが突然やってきたとき、「はい！　ありがとうございます！　遠慮なくいただきます！」と言って即座にすんなり受け取れる自分になっているかどうか。

ここが非常に重要なポイントなのです。

たとえば恋愛だと、恋人ができたとたん、今度は、この人を失うのが怖い、とか、今はいいけど今後浮気しないかしら、とか、私たちいつまでもラブラブでいられるかしら、などと考えてしまう。せっかく引き寄せられたのに、引き寄せたことで新しく生まれた不安や心配で、頭の中が埋め尽くされていたら……。

これは、大好きな恋人に愛されていい、というOKサインが出ていないときに起きてくる感情です。

このままだと、せっかく引き寄せでやってきてくれた大事な人を、しっかりつかみきれないまま、またお別れする、なんてことにもなりかねないのです。高額の宝くじを当てた人の人生が狂うことがあるのも、この受け取り許可と関係しています。

タイムラグの期間、叶うまでのプロセスや待っていると感じる時間は「受け取り準備ができる時間」であり、「自分の内側が遠慮なく受け取れるまでのレベルに育つ時間」です。

欲しいと思っていたものが突然やってきたり、来てほしいと思っていた日が突然やってきても、受け取り損ねたりしないように、タイムラグ（待ち時間）を、受け取り準備期間としてしっかり有効に使っていってください。

タイムラグをどう過ごせばいいかは、次ページからの「待ち時間の過ごし方①②」で具体的に説明します。

これも欲しいものをしっかり握れる私になるための必要な時間ですから、起きてくるプロセスであることに気がついていくと思います。

待ち時間の過ごし方① 宇宙に質問する

タイムラグの間（願いを決めてから叶うまでの時間）の最大の壁はモチベーションの維持ですね。

意気揚々として引き寄せ設定したにもかかわらず、日がたつとだんだんテンションが下がってきて、テンションが下がるということは自分の波動も下がってきてしまうので、「どうせ無理よね」という流れに行き着いてしまうことも多いはず。

この間の乗り越え方の一つをご紹介します。私がずっと実践していることです。

それは「宇宙さんとの質問コミュニケーションをとる」ということ。

どういうことかというと、**不安や疑問に思うことを質問する**ということです。

ここで私がいう宇宙さんとは潜在意識やハイヤーセルフ、そして自分の脳もです。

私の中では脳＝宇宙です。脳は問いかけたら必ず答えを探してくれるからです。

では、具体的に大切なポイントである「聞き方」を説明しますね。

質問の仕方ですが、「私は〜をしたほうがいいですか？」などと、選択そのものを聞いてしまうことはしないようにしてみてください。

なぜかというと、**引き寄せとは自分で選んで世界を作っていくことですから、どんな小さな選択も最後は自分で決める、ということが大切なことなのです。**

その根幹となる部分を丸投げして「どっちを選んだらいいですか？」「〜したほうがいいですか？」などと聞いてしまっては、最初からしたいかどうかを自分で選択することを放棄していることになってしまいます。

こういう質問はおすすめしません。

「私は○○をします。こう決めましたので、これでオッケーならゴーのサインを△△で見せてください」というような感じで具体的に聞いていきます。

見せてもらうサインの形は自分で決めてオッケーです、私はブログでもよく書いていますが、「7」がゴーサインと決めているので選んだ選択の後押しをもらいたいときは、ゴーのサインに7をオーダーしますし、ゴーだったら囲まれるように7の連続を見ます。

具体的には、車のナンバーで見たり、自分の車のエコメーターが7・7となっていたり、看板にあるお店の電話番号が7777となっていたりします。知人から同じタイミングでゾロ目ありましたよ！　とスーパーの商品の値札の写真でいただいたりします。疑り深い方は「たくさん見せてね！」とオーダーにつけ加えておきましょう！

ただ数字などだと具体的なメッセージ性に欠ける、という場合もありますよね。

そういう場合は**「わかるように教えてください」とオーダーすれば、メディアなり、文字なり、他人の口からなり、ああこれだ、とわかるように教えてくれます。**

最初はピンとこなくて、答えが来ているか来ていないかわからないことがあったりします。それでも聞いていくことを習慣化していくと、必ず「ああ、これか！」とか、「来た！」とはっきりわかってくるようになります。自分の直感が磨かれていくからです。

そもそも、宇宙さんは「聞いたことには必ず答えをくれます」。これは絶対です。私は今では、この宇宙さんとのコミュニケーションが上手になってきたので、問いかけてから数日中に「ああ、これが答えだな」とはっきりわかるものをもらうことができています。**「私は疑り深かったり鈍感なところもあるから、はっきりわかるような形で教えてね！」**と願いを放っておきます。

もし、これが答えかなと感じるものが来たあとで、再度不安になってしまうこともありますね。そのときは、**「もう1回教えて！」**とお願いしても大丈夫。宇宙さんはしつこいなーと思ったりはしません。不安なあなたの願いに何度でも答えてくれるので、「もう1回だけだめ押しで教えて」と言ってしまうのも、もちろんオッケーです！

そのためにはやはり日々の小さな選択を自分で選んでいる、ということが大事。自分の気持ちを自分に聞くようにしないと、本心がわからないままでいる、ということが起きて、挙句には自分がどうしたいか、何がやりたいかすらさっぱりわからない、というふうに本心が寝てしまうことになります。

聞くことで、脳にも刺激を与え、感覚を取り戻す、感覚を磨いておく、ということが大切。質問するときは、「選ぶ部分は、しっかり自分で選択してから」宇宙に聞く。これが大原則です。

待ち時間の過ごし方②　脳内リハーサルをする

ああなったらいいな、こうなったらいいな、と願いを持ちつつも、「いざ来るよ！」となると、私たちは意外にも受け取り下手です。

欲しいものを欲しい形で得る、ということに、潜在意識が恐怖を感じていることがあるのです。セッションをしていると、ご自身で気がつく方も多いのです。

私が「いざそれが急に今、ここに物理化したらどうしますか？」と質問すると、「あ、怖いです、本当に来ると思ったら、めっちゃ恐怖が出てきました──！」とおっしゃる方もいます。

でも、「たった今ここに出てきてもいい」と思えないと、なかなか願いは物理次元に現象化しません。

だからタイムラグの待ち時間の間に、頭の中で先に「現実が動くことを前提で」脳内シミュレーションをしておくとよいのです。

やり方は別に特別なことはありません。**脳内リハーサルとは、「来ることを前提にして」脳内にその映像を見ておき、あとはできる準備を進めておく。**これだけです。

宇宙に放った願いごとが「叶うか、叶わないか」の部分へのフォーカスは外してくださいね。

「放った願いは叶う」と決める！
あとはどんな流れが起きてくるかプロセスは気にせず、起きるままにしていく。

最初にも言いましたが、これが手放して委ねるということなのです。

「叶う！」とずっと信じられていなくても大丈夫ですよ。「叶える」と決意して、一度自分に宣言すればそれでいいのです。たとえば、入りたい会社があって試験を受けるのだけれど、書類審査が通るかどうかわからない段階にいるとしたら、面接に行くことを前提で服や靴を選んでおく。

彼や彼女はまだいないけれど、素敵なパートナーができたらいいなという段階にいるとしたら、パートナーとデートすることをイメージして、場所を調べたり、結婚式場を調べたり（これくらい気が早くてもオッケー！）。

女性だと、彼に「綺麗だね」って言ってもらうイメージをしつつ、そう言ってもらうことを前提で、コスメやお手入れの研究をしたり、ちょっとダイエットしてみたり。

急にいざその時が来たとしても、同時に「ゲット！」と受け取れるように自分を整えておくのです。


そういう脳内リハーサルを重ねていくと、脳は臨場感によって本当にある現実と、脳内イメージを逆転させてとらえることがあります。

脳内リハーサルにより、だんだんリアルなイメージができるようになりますから、「イメージしていることが現実かな？」くらいに誤解をし始めてくれます。


受け取る自分をリハーサルしておくことは、いざその時が来てもつかみ損ねないための大事な実践です。

何度も言いますが、願いが叶うか叶わないか、今叶いつつあるのかどうか、ということは忘れてしまってもいいことです。忘れられなくても、願いのことを考えているとワクワクするのであれば覚えていても大丈夫です。

ただ、叶わないかもという不安から、叶うかどうかばかり気にしていると執着のエネルギーになりがちです。そんなときは、気になってしまう自分をまず「それでもよし！」と認めてから、「気になるんだねー、でも大丈夫だよ」とそんな自分も優しく受け入れてあげましょう。

そして、できるだけ今の気持ちが少しでも楽になり波動が下がりすぎないで済む行動、美味しいものを食べる、お風呂にはいる、音楽を聴く、寝てしまう、ペットと遊ぶ、などをしてみてください。執着のエネルギーは気を紛らわす方向へ持っていってくださいね。

フォーカスするのは、叶うかどうか気にすることではありません。受け取りたい現実をイメージするほうに意識を向けておいてくださいね。

ネガティブ思考を認めたら、決め直す！

人の脳は基本マイナス思考に傾きやすいものです。自分を危険や恐怖から守る、という本能的な働きが先に来るようになっているからです。たとえば、願いごとをワクワク設定しても、しばらくたつと「どうせ無理」とか「こんな嫌なことが起きたらどうしよう」と、起きてほしくないネガティブな方向へ思考が向いていったりします。

これは当たり前で、別に心配ないことなのですが、自分が願う人生を手に入れるには、このネガティブ思考が行く手を阻むこともあります。

だから、**ネガティブに傾いたときは、まずそのネガティブ感情を否定しないで認めてあげてから、願いごとへ再度「思考の修正＝決め直し」をしてください。**

このことは私の1冊目の本『ネガティブがあっても引き寄せは叶う！』で詳しく解説しています。この作業は「周波数の合わせ直し」を意味しています。似たような波動（周波数）のものがやってくるのが引き寄せの法則ですから、「ありたい自分の姿になるんだ！」と決め直すこと自体が「なりたい姿になった周波数に合わせている」という作業になるのですね。

読者の皆さんからはよくこんなご質問をいただきます。「全然叶ってないから、また決め直すのかあ……と落ち込んでしまうのです」と。

「え、それ、違いますよ！」

一度決めても、日々過ごす間に私たちの心は揺らぐものなのです。本当に欲しいと思っているものでも、「私なんて受け取ってはいけない」「どうせやってこない」という否定的な感情に邪魔されて現実化が遅くなったりするのです。

ネガティブな感情が出たら、それを認めてあげてから「やっぱり得る！」と決め直していくことで、本当は何が起こるかというと、

「何がなんでも欲しいものは手に入れる！　という確固たる意志力」「決め直すたびに、だんだん願いに近づいていくという自分への確信感」が得られるのです。

決め直すたびに、願いにどんどん近づいていく

私は引き寄せの長期講座を開講していますが、この1期生のAさんは自己否定がとても強い方でした。でも、やりたい仕事を得て輝きたい、という夢がありました。

Aさんが約半年の講座期間の間に主に取り組んだことは、「私は欲しいものを遠慮なく受け取ります！」という許可を自分に与え続けること。折に触れて自分に脳内宣言していたそうです。そして、気持ちがネガティブにぶれたときは、その感情を優しく受け入れてあげてから、「やっぱりやる！」という決め直し。

この2つの作業をやり続けた結果、本当に願い通りの職場に合格し、条件も思った通りの現実を引き寄せて、今大活躍されています。

Aさんがおっしゃっていました。

「MACOさん、私気づいたんです。決め直せば決め直すほど、叶わないのでは、って不安になるのではなく、だんだん夢に近づいていっている！　っていう感覚が強く

なったこと。それと、私本当にこの願い（仕事に出合いたい）が欲しいのだなー、私が心から望んでいるワクワクなんだなー、っていう確信であることに！」

そう、ネガティブになっても、決め直して「叶った周波数」に戻してあげることを続けているうちに、

「これ絶対もうすぐ来るわ！　いやー、楽しみになってきた！　そして私、本当にこれを望んでいたんだと気づいたわ！」

自分の中の力をパワフルに取り戻していったのです。決め直している間に自分の意識力が育ち、どんどん引き寄せを上手に使えるようになっていくのですね。

もちろん私もAさんと同じ感覚です。だから、たとえばまだ設定した願いごとが叶っていなくても、「やるぞ！　得るぞ！」と決め直すほど、自分の内側にさらに力がみなぎる感覚が、よくわかるのです。だからまだ叶ってなくてもだんだん楽しくなってきます。

決め直しは意志確認。決めて体験できたことは、確信になります。

心からのワクワクで決めたことは、来ることは決まっています。

Aさんは決め直すことでだんだん、「叶うと決め込んでいる人」に変化していけたのです。**決め直すとは、願いにだんだん近づくという行動なのです。**

「もっともっと受け取っていい」と決意宣言する！

欲しいものを欲しい形で受け取っていくのにも、覚悟が必要だと知っていましたか？

自己否定が強い人生を歩んできた方や、セルフイメージ（自分に対して持っている、私はこんな人というイメージ）がよくないと、願いごとの設定の前に「自分が受け取っていいのだろうか？　いけない気がする」という思考が出てつまずくケースが見られます。

引き寄せの法則では、残念ながら「自分がもらってもいい」とOKサインが出せた

ものしかやってきません。

だから「もらってはいけないオバケ」が脳内に居座っている場合は、そのオバケに退散してもらわないと受け取れるレベルを変えることができないのですね。では、何をどうしたらいいか？

「受け取る覚悟ができる意志力を磨く」のです。私はこのことを「ハラをくくる」とも言っていますが、結局、しっかり「決める」ということです。腹を据えて決めると、素粒子もバンバン動かせるパワフルな意識エネルギーを出すことができるのです。

「私はもっともっと受け取っていい」
ぜひこの言葉をどこかにメモしておいてください。

「自分が頭で考える範囲以上のものを受け取ってもいい」と思うくらいでちょうどいいと私は思っています。

私が以前何か引き寄せ設定をしたときに、真っ先に浮かんでくる思考が「そんなもの受け取れない、受け取ってはいけない。自分にそんな価値はない」でした。

クライアント様から「自分に受け取り許可を下ろしているつもりなのに現実が変わ

らない、なんでだろう」というご相談も時々あるのですが、「まだまだ謙虚で、もらい方が足りないのだと思いますよ、もっともっともらっていい、と決意宣言してみましょう」とアドバイスしています。

受け取る宣言をしていても、まだまだ「私はもらい方が足りないのだわ」くらいに思ってください。皆さんとっても遠慮深いと思います。

そして、**現実が変わってくるまで「最高最善を受け取ります、もっともっともらっていいです！」と許可を下ろし続けてくださいね。**

もっともっと「欲しいものを欲しい形でもらっていい！」と決め続けてください。

小さな成功体験が自信につながる

「叶うかどうか自信がないのです」というお声をいただくことが多くあります。

これは言い換えると、実は自分に対する自信がない、ということになります。自分に願いを叶えるだけの力がない、と思っているということ。

でも、**自分に対する自信は小さくても「思ったことが叶った」という成功体験を少しずつ積んでいくことによって、自分の内側にできてくるものなのです。**

だから今自信がないことを心配するのではなく、自分の心にたった今どうしたいか、何が欲しいのかを日々聞いて可能なかぎり与えてあげる。自分を自分の力で満たしていく、ということを続けてください。

日常生活の繰り返しの先に欲しい未来があります、だから、普段の生活の中でできる小さな満たし行動を続けていくことが大事です。たった今できて、少しでも気が楽になる、リラックスできたりホッとすることってなんだろう、と自分に聞いてみてください。

それが、テレビを見るだったらテレビを見る。音楽を聴くだったら聴く。美味しいものを食べるだったら、大金をはたいて豪華ディナーではなくても、手持ちでちょっと嬉しくなるような一品を買って食べたりする。掃除してないけど、もう寝たい！だったら寝てしまう！　こんなささいなことを自分に与えてあげれば大丈夫です。

自分が自分を満たすことができるようになると、人から奪おうと思ったり、人に何かしてもらいたいばかりの意識がなくなってきます。

引き寄せにおいては、自分自身が満ち足りた感覚で過ごしていることがとても大切なのです。

できる、という自信や自分に対する信頼は、経験が増えればだんだん自分の内側に構築されてくるので心配しなくて大丈夫です。

奇跡が起こる世界、無限の可能性を信じよう

引き寄せ体質を作る脳内習慣を一つお伝えします。とっても簡単です。

「自分の頭では計算できない心踊る楽しいことが起きてもいい！」と普段から宇宙に宣言しておくのです。

自分の顕在意識の計算では、自分がすでに知っているレベルの、制限のついた設定を思い浮かべやすくなり、それ以上は無理だろう、となりがちです。

だからこそこういう設定をして、「すごい引き寄せがいきなり起きてもいいよ！いきなりお金がやってきてもいいし、人間関係の状況が突然よくなってもいい！」くらいに大げさに宣言しておくことが大事です。どんな引き寄せであっても、宇宙の力＝潜在意識の力、脳の力、を大いに活用することができるようになっていきます。

どういうことかといいますと、宇宙さんというのは非常にエンターテインメント性をお持ちなのですね。

たとえば、私のブログで、「空間からお金が出る」とか「空間から物が出る」シリーズという記事があります。どうにもつじつまが合わないような場所から、なくしたものが急に空間から出るみたいに出てきたり、使ったはずのお金が次の日にお財布の中に戻っていたり、なかったはずのところからお金が出てきたり（勘違いやボケていたとかではなく）……。

こういった世界を見たというシェアが、読者の皆さんからものすごくたくさん届いています。

あまりにたくさん届くため、シリーズになってしまいましたが、私自身もこれだけ多くの人がおもしろ体験をしていると知って非常にワクワクしました。

全く自分が動くことなく、ずっとじーっとしていて、延々とお金が天から降ってくるように願う、というのとはちょっと主旨が違いますが、「時々楽しい世界を見てもいい！」と決めておくと、宇宙さんはおもしろい現象を見せて楽しませてくれることもありますよ。

私も何度か体験があります。計算が合わない残高があったり、なくしたものがとんでもない、絶対ありえないでしょう！　という場所から出てきたり。4時間過ごして帰ってきたのに駐車場の領収書が20分前に入庫という印字になっていて、しかも機械が壊れていたわけではなく……。

時間や空間の概念を覆される経験がたくさんあります。

量子力学の世界では「現実が一気に変化することがある」といわれています。

「こういうこともあるのだから、思考の無限の可能性を信じていいんだよ」と宇宙に言われているような気がします。

だから、私は「つじつまが合わない楽しい体験がいつ起こってもいいよ～！　見せてね」といつも宇宙に宣言しています。人生はエンターテインメントです！

ワクワク感が来たら、すぐ行動に移そう

ワクワクすると、何かしらサインと思えるものや、行動へのインスピレーションが降りてきたりします。

もし、願いを設定したあと、「こんなことがしたいな」という思いがわいたら、ぜひ行動に移してください。ワクワクから来るものは「それでいいよ！」のサインです。

これは、スピリチュアル的にはよく「ハイヤーセルフからメッセージが来る」などといいますね。ハイヤーセルフは自分を守ってくれる存在とか、潜在意識などともいいます。

ハイヤーセルフは意識の世界にありますから、肉体より先にその願いが叶った世界を体験しています。

そのあとで肉体を持つ私たちが人間としての経験として、現実を創って体験していくので、先に体験しているハイヤーセルフからのメッセージには間違いがないのです。**ハイヤーセルフが意識の世界で願いが叶った状況をすでに知っていて、それから私たちにメッセージを送っているからです。**この判断の基準が実は「ワクワク」の感覚、なのですね。

もし何か願いごとを設定したあと、ワクワク感がわいて、したくなったことがあればぜひ行動に移してみてください。願いと直接関係ないことがしたくなっても、それをやっていけば大丈夫ですよ！

他人の脳ではなく、自分の脳で生きる！

自分のことは自分が一番知っている。
これを徹底的に腹に落としてください。

自分のことは自分に聞く、これしか心からの答えを見つけるすべはありません。

この本を手にとってくださっている方々が、今何歳かはまちまちだと思いますが、私たちは生まれて物心ついてからずっと他人から聞かされた価値観や、ものさしで判断をするクセが身についていたりします。

自分の心の反応を見る前に、他人の反応を見ようとしてしまう。

他人の顔色で選択を決めてしまう。

たとえそれが自分の本心でないとしても、「こうしておいたほうが無難かな」「あたりさわりないかな」という計算や思考を優先して生きてきています。

もちろん、人と関わりながら生きているので、どんなときも自分の思いが通るわけではないですが、結果はどうであれ、自分の思い、心の声を「聞いてあげる」。これは今からでも遅くないので、ぜひやってほしいと思います。

他人の反応を自分の行動の基準にするということは、他人の脳みそで生きているようなもの！　これではだんだん自分の本質と離れていってしまいます。

量子力学の世界では、「たった今変わる！」と決めたときからすべてがリセットされ、新しい思考エネルギーによって新しい可能性が開き始めるといわれています。

あなたの願い（決めたこと）が現実化するためのプロセスがまず起こってくるので、設定した現実がポン！　といきなり出てくるわけではありませんが、「流れが変わる」ことが始まるのです。**流れを変えるためには自分の思考・意識を変えることからなのです。**

自分を生きるとは、自分の脳で生きる！　ということ。

自分の頭に他人の脳を入れていませんか？

恐れの選択から卒業すれば、世界は変わる

引き寄せが失敗する代表例をご紹介します。これは私が何度も何度も体験しているのについやってしまっていた、というなかなか抜けられなかった思考グセの一つなのですが……。

それは「恐れや不安の心から選択をしてしまうこと」でした。

これをやってしまっている、と自覚がある方は今日からぜひ少しずつやめていきましょう！　自分の本心をしっかり知る、というChapter1で書いたことをおさえた上で、**「私はもう恐れの思考からの選択をしない！」としっかり宣言していきましょう。**

恐れからの思考選択は必ずといっていいほど、自分が欲しくない現実を創っていきます。

「本心では一番ではないけど、これをつかんでおいたほうがいいかもしれないから、とりあえずやっとこう」とか、

「次にこんな話はないかもしれないから（すでにない、と宣言してしまっている）、一番やりたい仕事ではないけど、ここにしておこう」とか。

恐れが発端で行動していくときって、裏に何が隠れているかわかりますか？

「私には力がない」「できない」という自己否定的な思いです。

私はこの恐れが発端で起こした行動でたくさん苦い経験をしています。「あー、やっぱりやめとけばよかった」と後悔がたくさん。

「とりあえずここで手を打っておこうか。どうせもっといいことは来ないだろうし」という思考が隠れていることに気づかず行動して、その結果、欲しくない現実を見たときに、はたと気づくのです。

もちろん、見たくない現実を見たことで「学ぶ」ので、その経験からしっかり思考を修正して「一番欲しい形」「一番の願い」という妥協しない人生を選んでいくことができるようになっていくのですけれどね。

この本をお読みの皆さんには、もう恐れからの行動の正体がわかっていただけたと思いますから、早速やめてほしいのです。私のように苦い体験をたくさんしないで済みますから……。たとえば、

どうせ私には望み通りの彼はできないだろうから、今声をかけてくれている人（ピンとはこないけれど）と付き合っておくか。

やりたい仕事じゃないけれど、もうきっといいところはないだろうから、ここに就

職しておくか。

別の表現を使うと「とりあえずこれで手を打っておく」というのも近いですね。

こういう思考の使い方ではなく、ワクワクが発端で起こる思考で選択をしていってください。

「本当にこれがいい！」という感覚で選んでいくものは本当に、絶対に、うまくいきます。

「恐れの選択から卒業！」しましょう。世界は急に変化しますよ。

不安なときは体をゆるめて、スキマを作ろう

嬉しいこと楽しいことがどんな角度からやってきても、受け取れる自分でいられたらいいですよね。

でも、普段生活していると心が執着にとらわれたり、心配なことに気持ちがずっと

とらわれたままになったりします。

そんなときはいきなり決め直ししても効果が上がりませんし、第一すぐに気持ちの切り替えができませんよね。だって気になっているんだから……。


脳が不安や心配のほうに引っ張られているときは、体を先にゆるめることで心の緊張感やグルグル感を「ハイ終わり！」と、強制終了させることができたりします。体がゆるむと心がゆるむのは、心と体が密接な関係を持っているからです。

私はブログで「お風呂ワーク」というのを紹介していますが、緊張したりグルグル思考になったときはお風呂の湯船に浸かる。

そうすると、勝手に体が弛緩しますが、そのとき同時に、「あー、幸せ」とか「あー、ほっとする」と声に出してみます。そうすると本当にほっとするんです。


体をゆるめたり、心をゆるめるとリラックスしますが、これはゆるめることによって宇宙さんの好きな「スキマ」ができるから。何かのメッセージや思わぬ情報はこのスキマに入ってきます。

結局、体や心をゆるめるということは「自分の引き寄せの可能性が入ってくるスペースを広げる」ということで、「自分はもっともっと得られる。できる！」という可能性にウエルカム！　ということでもあるのですよね。

体からアプローチして自分をゆるめる方法はたくさんありますが、五感を使ってください。

視覚（綺麗なものを見る）、聴覚（好きな音楽を聞く）、嗅覚（好きな香りを楽しむ）、味覚（好きなものを食べる）、体感覚（心地よいものに触れる）。

自分の好きなものを使って五感を働かせることによって、心からのアプローチだと時間がかかることが、体からのアプローチだと一瞬で緊張がほぐれることがあります。

さきほどのAさんの実践をご紹介します。ものすごい引き寄せをたくさん起こしているマスターさんです。参考にしてください。

頭がガチガチにかたく、執着や他者との比較、落ち込んでいる状態になっているときは、パンパン！　と2回大きく手を叩く➡そのあと、手をぎゅっとグーにして、腹の底から声を出して「ヨシッ！」と言ってみる。叩く触覚、音の聴覚、目で見る視覚を使っていますね。

または、ガムを食べて（嗅覚、味覚を使う）→手をぎゅっとグーにして、腹の底から声を出して「ヨシッ！」と言ってみる。こんなアプローチをしてみるとグルグルが止まってほっとするんだそうです。

心と体は連動しているので、頭が思考に捕まったときは、体からのアプローチでグルグルを強制終了させてあげましょう。

体験を恐れず、プロセスをまるごと楽しもう

今いる状況から新しい世界へ踏み込む前は怖いのですが、やってみたら意外に「なんだこういうことか」と思ったりするものです

私たちの脳は「未知」に対して非常に恐怖を覚えます。ただ、これがひとたび「既知」になってしまうと、全然そうでもないことに変化していきます。

だから、**心からやりたいと思ったことは「えいっ！」とやってみる勇気も必要なときがあります。**体験を通して、体で感じることで喜びがわかるのが人なのですから。

美味しいケーキは食べてみないと「美味しい！」って心から言えない。

大好きな人と手をつながないと、その手の本当のあたたかさはわからない。

綺麗な景色はスクリーンで見るのもいいですが、直に見た感動には勝てません。

どれだけ精巧な作りの大型テレビで見ても、実際にその場所へ行って自分の目で見る景色、その瞬間にしか得られない感動には勝てないですよね。

どれだけ素敵な彼を詳細にイメージしても、彼の手のあたたかさは、本当に手をつないだときの臨場感には絶対勝てません。

「ああ、大好きな人の手ってあたたかいんだな」って感じる瞬間は本当に幸せですよね。この波動が体験したくて、人は切ない心を抱えても恋するのではないでしょうか。

だからこそ、イメージで終わらせず、現実世界に物理化させる必要があるのです。

脳内だけで楽しむだけなら、わざわざ体のある人間に生まれなくていいのです。だって体があることで、簡単に物理空間を移動できないし、大阪から北海道に瞬時に移動なんてできないですしね。たしかにいろいろ不便なことが多いものです。

では、なんでわざわざ、それでも私たちは人間で生まれてきたのでしょう？

答えは**「体を通して体験を味わうため。体験を楽しむ。叶うまでのプロセスを楽しむため」**なのです。

欲しい現実を手に入れるプロセスがまどろっこしかったり、思うように進まなくて苛立つことも多いです。

だから引き寄せの実践法をいろいろ学ぶのかもしれません。

しかし、いざ叶ってみると、わかるのです。叶うまでのプロセス自体が私の体験したいことだった、って。

好きな彼と結ばれるまでのドキドキ、ハラハラ、イライラした現実、それすらも「ああ、体験したかったのだ」って。そしてそういう経験があったからこそ、彼のことをもっと深く理解し、好きになれるのだと気づく。これが人間なのです。

そのプロセスを楽しめる私になる、と決めて、しっかり日々を味わって過ごしてください。

知識を得たあと、大事なのは、実践していくことのほうです。

私も長年、知識ショッピングしては、満足して終わっていました。

でも、**シンプルに、心に響いたことを一つでも試していくだけで、必要なタイムラグを経て、現実は必ず変わっていきます。**だから体験することを怖がらないで、そのプロセスごと楽しむ、と決めて受け取っていってほしいと思うのです。

綺麗な服をイメージしてワクワクしたら、手に入れて着てみる。

見たい景色があったら、自分の体をその場へ持っていき、自分の目、肌で感動を感じてみる。

好きな人と付き合いたいなと思ったら、叶うまでのドキドキや不安、心配な感情もひっくるめて愛してあげて、その体験も楽しみ、好きな人と実際に過ごす幸せな波動を自分の体で感じていく。

どれも、頭の中だけでやっていては全くつまらないことです。

「ああ、好きな人の手ってあたたかいなあ」。人の体にはかぎりがあるからこそ、今ここ、でしか味わえない瞬間ごとの体験が貴重な宝なのですね。

執着したいほど強い願いがあることは素敵！

自分の感情状態については、あまり上がり下がりを気にしすぎないことが大事です。たとえば「執着」や「恐れ・心配」などという言葉にも怯えすぎる必要はない、ということ。

「これって執着でしょうか？」こういうご質問がブログにもよく届きます。

たしかに執着されているかな……と感じる場合もないわけではないですが、「執着していると願いは叶いません！」というあちこちでたくさん聞かされてきた、この言葉のインパクトのほうがかえって、私たちの思考現実化に悪影響を及ぼしていることも多いのでは、と私は感じるのです。

私たちの感情に、ここまでが執着で、ここからは違います。などという、厳密な線引きなんてできないのですよね。

たとえば、すごくやる気で「これを引き寄せるぞー！」と決意したとします。でも時間がたつと、「やるぞー！　絶対引き寄せるぞー！」という気持ちが、だんだん「これでないと嫌だ！　という執着なのでは？」と心配し始めることがあるかと思います。

なぜって、同じ思考を握りすぎると執着化する、なんて聞いたことがあるからですね。たしかにそういうこともありますが、「え～、あなたの場合、ここからここまでが前向きなやる気で、ここから先は執着ですね」なんて厳密な分析はできないのです。

感情は波のような性質のもの。ずっと一本調子なんてことはありません。その瞬間瞬間で変わっていきますし、どこからどこまでが「前向き」で、ここからは「執着です！」などと分析して明確に分けることはできないのです。

「執着」を例に出しましたが、こういった感情を気にして、必要以上にたとえば、「私は執着しているかどうか？」ということを分析して怯えるのではなく、

「執着したいほど手に入れたいものがあるんだね、私。素敵じゃん！」

という思考を採用してみてください。そして、熱いハートをしっかり抱きとめてあげて、

「よし、執着がちょっとくらいあってもはねのけて、私は進むぞ！」

と思考を切り替えていけば波動エネルギーなんて、すぐ上がってしまいますよ。

そのあとは、また「こうありたい、というほうにフォーカスして」生きるだけ。自分はどうなりたいのか、というゴールを見るだけです。

天職に出合えている私、そしてお金を循環させられている私、素敵なパートナーと出会って幸せに過ごしている私、などの姿を脳内にイメージして、これを引き寄せると決めるだけ。

決めたあとは、したくなったことを順にやっていくだけです。

引き寄せをいろいろ知ったせいで、かえって自分の不安感を高めるのはもったいないことですよ。

予想外のことが起きるのは、ベストになるため

他人の行動が基準になって感情が反応して、上がったり下がったり振り回されないようになっていくために、**「軸を自分に持っておく」、つまり自分の意志で行動を決められる「自分軸に戻ってこられる」ことが大切です。**

たとえば大好きな彼と会う約束をしていたとして、直前になって仕事があるから来られなくなったというような場合。

彼が来てくれたら嬉しい。

でも、彼が来るって言っていて、来なかったら、地獄に落とされた気分。

これはたしかにそうだとは思います。来る予定が来なかったらがっかりするし、「私何かしたかな？」と思ったりすることは誰にでもあります。

でも、そこで自分がどうの、という方向へ意味を持っていってしまう思考グセが、

引き寄せを詰まらせる部分でもあります。

私も昔は全くそうだったのですが、今はその思考を全く使わなくなりました。

「仕事かあ、せっかくご飯作ったのに、くそー、残念だし、ちょっとハラタツな」といった感情は自分が感じているままを出して、そうなのね、と感情を受け入れてあげることが大事です。セルフカウンセリングですね。

感情を認めたら、あとは、

「では、彼は来ないのだったら、このあとどうしたら自分の気持ちが楽になるかな」

このちょっと落ちてしまったテンションから変化できる、今できることってなんだろう、という方向に意識を修正してしまうからです。

私たちが、他者と関わりながら生きるということは「思い通りにならないこともあるよね」ということを学ぶことでもあります。

願いを願った通りに引き寄せられることも素晴らしいです。

さらに、もう一歩進んで、**「予定外のことが起きても、変えていける」という思考**

が使えるようになると、もっとあなたの引き寄せの引き寄せ力が強くなっていきます。

人は一人では生きられないように、宇宙はすべてを配置して采配しています。**ズレやうまくいかない現実からも学んだり、愛情を深めるための仕組みが隠れていることもある。だから、起きてくることはベストだととらえておいたらいいのです。**

自分は自分の思い、他者は他者の思いで生きているので、それがずれることは絶対に起こることです。人は人の都合と思考で生きているからです。

他者をコントロールするために引き寄せはできないので、「こう思っていたら、こうなった！」ばかり起こるのが引き寄せではありません。引き寄せは、ちまたでいいことばかりうたわれているので、どうしてもいい側面ばかり期待してしまいますね。だけど、彼が予想外に来られなくなったときでも、自分軸で自分を楽しませたり、切り替えができる自分でいる。これが自分の人生を生きているということです。

そうなってきたら逆に、恋愛なんてするっとうまくいくようになります。彼の行動や反応がどうあろうとあなたの軸で生きているから、波動エネルギーも下がったりしません。

この切り替え思考が使えるということは、彼を思い通りにしたい、という執着から離れていられるということでもあります。ダメならダメで何か満ち足りることを探せる、というのは絶対彼が来ることに固執していないないですよね？

だから執着のエネルギーではないのです。

互いに尊重して、言葉で自分の気持ちを伝えよう

とにかく相手（外側のもの）に感情反応の主導権を渡しすぎないことです。

たしかに、会えなかったショックはそりゃ大きいと思います。私もそんな経験があります。だからそのショックな気持ちは、素直に相手に伝えたらいいのです。

すべて念じることだけで叶えよう、なんて思わず、言葉は大切なコミュニケーションのツールですから、やっぱりまず使わなくちゃ。**念じるだけ、願うだけのために私たちに言葉が与えられているのではなく、使うためです。話したり、書いたりして素**

直に思いを伝える。そして、引き寄せ的な実践も一緒にしてください。

そして何度も書いていますが、ショックな感情が出たときは、自分でその感情を抱きしめてあげることが大事です。

私の受け取り許可が低いからいけないんだ、ってところに結びつけるのは危険。それをやってしまうから、自己肯定感が上がらないのですしね。

自分に受け取り許可を下ろしてあげるのは大切ですが、うまく流れなかったときに受け取り許可が足りないからだ、と思うのは違います。

心あたりがある方はぼちぼち、自分はダメ、の思い込みを外していきましょう。

彼が好きということは、彼の生き方や考え方にも寄り添うということが必要です。

何度も言いますが、自分の気持ちを殺すってことじゃないですよ。**自分の気持ちをちゃんと伝えながら、相手も尊重していく、ずれたら歩み寄りをするようにすり合わせていく。**

こうすることで人は他者と一緒に生きていくわけです。恋愛、結婚って、だからそういう意味ではやはり学びですよね。しんどいときもある。

でも人は恋愛したいわけです。

相手のそのままをまるごと受け入れたあとの幸福感というのもすごいのです。

そもそも人は「違う」もので、そのお互いの違いを楽しむために私たちは生まれていて、他者と関わりながらでないと生きられないようになっています。

「お互い違っているからこそ楽しいいし、自分も素晴らしくて、あなたも素晴らしい」こんな思考で人と関わりだすと見える世界がみるみる変わってきます。

おわりに

あなたの言葉で、願いは必ず叶う

✦「生き方保留」をやめて「無敵の人生」を引き寄せる！

この本で一番伝えたかったことの一つが「自分の心を徹底的に知って受け取っていこう」ということでした。自分を本当に知るという感じでしょうか。

生まれてからずっと他人の目を気にしたり、外からの情報で自分の気持ちを決めたりしていたとしたら、それは自分の人生を生きていない、ということになります。生き方をはっきり決めず、保留している状態。

「どうしたいの？　どうありたいの？」と自分の心の声を聞き続けていく。これは「自分って一体何者なのか？」という哲学的問いかけの答えを知っていく大切な作業でもありますね。

多くの人は、自分のことを知らないで他人のことばかり知ろうとしているのかもしれません。昔も私はずっとそうでした。自分の顔色より他人の顔色をうかがう。自分の機嫌をとるのではなく他人の機嫌ばかりとろうとする。何かを選択するときは、人の価値基準で決める。こんなことばかりしていていつも気疲れしていました。

今日からぜひ、自分のことに一番興味を持ち、自分の生き方を積極的に選択していってください。

「怖いくらい無敵の人生を引き寄せる！」

この言葉、私のブログのタイトルみたいですが、頭に「怖いくらい」と若干大げさな言葉がついていています。無敵の人生。私にとってテンションが上がる好きな言葉です。

私は自分の思考や意識を使って、自分の力で現実世界を変えられるんだ。そんな自分に気づいたとき、「無敵の人生」に確信が持てるようになりました。

私は「無敵」という言葉を、敵がいない、という意味では使っていません。どこの誰にも勝たなくていい、敵なんて最初からいない、みんなが勝っている、という意味です。

そして、「怖いくらい」というのは、「自分の（計算できる）想像を超えて」といったニュアンスでとらえていただくと近いです。

先にも書きましたが、自分の頭の計算（2～5％といわれている顕在意識のレベル）でできる思考なんてとても狭い範囲だけです。想像を超えた95％以上もの潜在意識の領域には恐ろしいくらいの情報が詰まっており、現実世界に出てこようといつもスタンバイしています。あなたが「出ておいで！」と呼ぶだけです。

✦ 思いを行動に移して、実践あるのみ！

私は好奇心旺盛なので、知識をインプットすることに没頭した時期が長かったのですが、知ったことはやはりいつか、「行動」にスライドさせていかないと形にはなりません。

引き寄せ実践では、行動ありき、ではなく、まず、「自分の心の感覚を知る、自分にどうしたいか聞く」という思考や意識を見ていくことから始めます。心から何かわき上がってくるものを行動に移していくことで現実は変わるのです

これだけ情報があふれている世の中、私は「今はもう実践期なのですよ！」とお会

いする方々にお伝えしています。「自分の心に聞いて、そして、動いてますか？」と。

天職を引き寄せたくても、そのときしたくなったことが、「友達と会う」だったら
それを行動してみる。「本を読む」だったらそれをしてみる。天職と直接関係なくて
もいい、というのが引き寄せ実践のポイントの一つです。

「今これしたい！」という感覚から行動を重ねていくと、必ず欲しい願いに行き着く
ようになっています。その過程をプロセスと呼んでいるのです。ここには「体験」が
詰まっています。体や心でいろんなものを感じながら実践期を楽しむ！　と決めて進
んでください。

✦引き寄せを加速させる最大の勝因とは？

最後に、私が引き寄せを加速させた一番の理由を書いておきます。

それは、**自分に対する一切の否定をやめる、と決めたことです。**

何かあるたびに、自分の思考を責め、行動を責め、挙句には自分自身の存在すら責
めていたのですが、それを「もうやめる！」とハラをくくって決めたときから現実が
変わったのです。

否定するエネルギーがいかに自分の波動を下げるか、ということに気づいたのです。必要以上に自分を責めなくなると、不思議と人に対しても責める気持ちやジャッジが減りました。もちろん人間なのでゼロにはなりませんが。

自分や人を否定しないといっても、もちろん完璧にできないのが人間なので、できなかったときは、ネガティブな感情を認めてあげたりしています。

あなたも私もこれでいい。

みんなで勝っていこうよ。ともに幸せに、お互い好きな形に拡大していこうよ。そう思い始めたら天職も人のご縁もどんどんやってくるようになり、困ったときはいつも誰かが助けてくれるようになっていました。

この本を手にとってくださっている皆さん、

今まで自分をたくさん責めてきて、本当はしんどくなかったですか？

誰か全く別の人になろうとして、いつも何かに向かって戦っていて、心が折れそうになっていませんか？

探し続ければいつかは幸せが見つかると、追いかけっこゲームに翻弄されていませんでしたか？

もう、今日からすべてやらなくていいんですよ。

この少し先、自分がどうありたいか。今の姿を一切否定せず、ただ次にどうなっていたいか、それだけに意識を向けて思考エネルギーを送り出してください。

意識のエネルギーを言葉に乗せて、口にして、書いて、脳内でつぶやいて引き寄せていってくださいね。

自分自身に対する否定があなたをしんどくさせてしまっています。

誰かがあなたを否定したとしても、自分が自分を否定しなければ波動エネルギーは絶対下がりません。

だから、自分がいつも自分の一番の味方でいてあげてください。

MACO流いい気分のエネルギーの定義とは、自分に対する一切の否定をやめたときのエネルギー。毎日特別テンションを上げてウキウキしていなくても、引き寄せはちゃんと起きてきます。自分に対して「楽《らく》」な自分でいてあげれば、です。

自分にだけは一番優しい自分でいてあげてくださいね。

願いを設定しても、宇宙さんはゴールまでパスをさまざまな方向、距離で変化させてきます。そのたびに私たちはそれに食らいつき、受け止め、夢中でまたパスを返します。

人は体を使ってさまざまな体験をすること、体験を通じて味わう色とりどりの感情を知ることを本当は望んでいるのですね。私の大切な学びの仲間からいただいた言葉を最後に皆様にシェアし、プレゼントします。

「ただ決めておけ！　しかるべきときに宇宙がラストパス！　練習終了、願望成就！」

決めることで脳は探し始めます、素粒子が動き始めます。決めないことには何も起きてきません。

決めたあと、叶うまでのタイムラグ中は「待つ」のではなく、ひたすら「受け取り準備中」に徹してください。

すべてはあなたの意識のエネルギーを外に送り出すことから始まります。素敵な人生を自分の内側からどんどん創り出してくださいね。

〔著者紹介〕

MACO（マコ）
引き寄せ実践法アドバイザー・NLPコーチ
1970年兵庫県生まれ。20代の頃から成功哲学を学び始め、思考の現実化について探求しつづけるが、何一つ願いが叶わないどころか仕事もプライベートも状況が悪くなることを繰り返す。引き寄せの法則については、学び始めてから何年も経って、一つのやり方に無理やり自分を当てはめるのではなく、ネガティブ思考の強かった自分自身にしっくりくるやり方を見つけ、実践方法を変えたときから、現実が急に開けていく体験をする。探究心旺盛で、社会人になってからも働きながらこれまで合計３つの大学・大学院を修了したほか、脳科学、NLPコーチング、各種セラピーなどを学び現在の仕事に活かしている。
現在は引き寄せアドバイザー・メンタルコーチとして活動。セミナー、講座は即日満席、セッションは全く予約が取れないほどの人気ぶりとなる。ブログでは日常の生活の中でちょっとした視点を変えることで心が楽になるヒントを発信し、毎日多くのファンが訪れる。初著作『ネガティブがあっても引き寄せは叶う！～「決める」ことで現実が変わっていく最強の方法～』は増刷を繰り返すロングセラーとなっている。
著者ブログ「無敵の人生に変える！引き寄せと潜在意識の使い方」
http://ameblo.jp/hikiyose-senzaiishiki/

ネガティブでも叶う　すごい「お願い」　（検印省略）

2016年 7 月15日　第１刷発行
2016年 11 月 7 日　第６刷発行

著　者　MACO（マコ）
発行者　川金　正法

発　行　株式会社KADOKAWA
〒102-8177　東京都千代田区富士見2-13-3
0570-002-301（カスタマーサポート・ナビダイヤル）
受付時間 9:00～17:00（土日 祝日 年末年始を除く）
http://www.kadokawa.co.jp/

落丁・乱丁本はご面倒でも、下記KADOKAWA読者係にお送りください。

送料は小社負担でお取り替えいたします。

古書店で購入したものについては、お取り替えできません。

電話049-259-1100（9：00～17：00／土日、祝日、年末年始を除く）

〒354-0041　埼玉県入間郡三芳町藤久保550-1

DTP／ニッタプリントサービス　印刷・製本／大日本印刷

ISBN978-4-04-601607-2　C0095